职业教育国家在线精品课程配套教材

职业教育·铁道运输类专业教材

（第2版）

# 铁路接触网检修与维护

赵永君　主　编
窦婷婷　崔景萍　副主编
张九大　沈传营　主　审

人民交通出版社

北京

## 内 容 提 要

本教材为职业教育国家在线精品课程配套教材、职业教育铁道运输类专业教材。其主要内容包括牵引供电系统认知、接触网组成与结构认知、接触网工基本技能训练、接触网运行管理和接触网检修维护。

本教材切合高职院校专业教学与铁路现场实际，兼具系统性、创新性与实用性，并配有丰富的国家在线学习平台数字化资源，形态多元化、立体化。

本教材可作为职业院校铁道类相关专业基础教材，也可作为铁路企业管理人员、专业技术技能人员岗位培训和业务学习参考用书。

**本教材配有课件、教案、课程标准等丰富的教学资源，任课教师可通过加入"职教铁路教学研讨群"（QQ群：211163250）获取。**

### 图书在版编目（CIP）数据

铁路接触网检修与维护/赵永君主编. —2版. —北京：人民交通出版社股份有限公司，2025.1.
ISBN 978-7-114-19735-2

Ⅰ. U238; U225

中国国家版本馆 CIP 数据核字第 2024G5N678 号

职业教育国家在线精品课程配套教材
职业教育·铁道运输类专业教材
Tielu Jiechuwang Jianxiu yu Weihu

| | |
|---|---|
| 书　　名： | 铁路接触网检修与维护（第2版） |
| 著 作 者： | 赵永君 |
| 责任编辑： | 杨　思 |
| 责任校对： | 赵媛媛　刘　璇 |
| 责任印制： | 刘高彤 |
| 出版发行： | 人民交通出版社 |
| 地　　址： | （100011）北京市朝阳区安定门外外馆斜街3号 |
| 网　　址： | http://www.ccpcl.com.cn |
| 销售电话： | （010）85285911 |
| 总 经 销： | 人民交通出版社发行部 |
| 经　　销： | 各地新华书店 |
| 印　　刷： | 北京虎彩文化传播有限公司 |
| 开　　本： | 787×1092　1/16 |
| 印　　张： | 14.25 |
| 字　　数： | 328千 |
| 版　　次： | 2013年8月　第1版 |
| | 2025年1月　第2版 |
| 印　　次： | 2025年1月　第2版　第1次印刷　总第9次印刷 |
| 书　　号： | ISBN 978-7-114-19735-2 |
| 定　　价： | 45.00元 |

（有印刷、装订质量问题的图书，由本社负责调换）

# 第 2 版前言

近年来,随着我国铁路营业里程不断增加,铁路接触网高素质技术人才需求也随之增加。为保证铁路运行的安全、可靠,需要大量具备扎实基础知识、设备维护技能,精通安全作业流程,具有灵活的故障应变能力和良好的职业道德、敬业精神的高素质接触网技能人才。

为满足新技术和产业变革需要,根据接触网教学实践和教学改革的新需求,本教材在原教材《接触网检修与维护》的基础上,参考《高速铁路接触网安全工作规则》(TG/GD108—2014)、《高速铁路接触网运行维修规则》等规范进行修订。教材在内容的深度、广度和新技术应用等方面做了较大改动,新版教材更加贴近现场接触网检修与维护人员的需要。

新版教材的编写坚持以社会主义核心价值观铸魂育人,落实立德树人根本任务,旨在为全面建设社会主义现代化国家和加快建设交通强国培养高技能、创新型人才。教材在编写理念上贯彻产教融合、思政引领的思想;在内容编排上注重融入新技术、新工艺、新规范。

本教材的特色创新:

(1) 依托原教材《接触网检修与维护》,已建成"接触网检修与维护"职业教育国家在线精品课程(课程链接:https://www.xueyinonline.com/detail/241288595),可为读者提供丰富的数字化教学资源。读者可扫描二维码加入课程学习。

(2) 以接触网工作需求序化教材内容,以接触网工作任务组织教学。教材从接触网工岗位的实际工作任务入手,以解决工作中的实际问题为出发点,通过分析接触网工岗位知识、能力、素质要求,依据职

国家在线精品
课程二维码

业岗位需求及接触网工职业资格认证标准,确定接触网结构认知、接触网安装调试、接触网运行维护等作为教材的核心内容。教材充分考虑学生的认知规律,遵循"工作任务由单一到综合,工作过程由简单到复杂"的理念,内容更充实,结构更合理。

(3)教材从工学结合、任务引领、工作过程分析入手,将理论与实践相结合,探索"理论实践一体化"的编写模式,既有助于教学,又有利于激发学生自觉学习、主动学习的动力,培养学生学习接触网专业知识的兴趣,提高学生在工作中解决实际问题的能力。

本教材的使用建议:

建议通过铁路接触网演练场或模拟仿真沙盘辅助教学,采用项目教学法,通过对接触网设备、结构的认知和运行状态模拟,引导学生主动学习相关专业知识,指导学生按规程与规则顺利完成典型工作任务,实现培养学生岗位职业能力和职业素养的目标。

本教材将接触网工作分解为牵引供电系统认知、接触网组成与结构认知、接触网工基本技能训练、接触网运行管理、接触网检修维护等五个工作项目,每个项目有若干个实际工作任务。教师可按照56~66学时安排教学。推荐学时分配:项目一为4~6学时,项目二为24~26学时,项目三为8~10学时,项目四为4~6学时,项目五为16~18学时。

本教材由山东职业学院赵永君担任主编,负责全书的统稿工作;山东职业学院窦婷婷、崔景萍担任副主编,负责稿件收集整理工作;中国铁路济南局集团有限公司职培部张九大、中国铁路南昌局集团有限公司福州供电段沈传营负责教材的主审工作。编写分工如下:项目一、项目二、项目三由山东职业学院赵永君编写,项目四由山东职业学院窦婷婷编写,项目五由山东职业学院崔景萍编写。中国铁路济南局集团有限公司工电检测所李加鑫、中国铁路青藏集团有限公司西宁供电段张书洋参与编写。本教材的编写得到了张九大、李加鑫、沈传营、张书洋的大力支持,在此一并表示感谢。

本教材在编写过程中参考和引用了大量文献资料,在此谨向原作者表示衷心的感谢。限于编者水平,书中难免有不足之处,恳请广大读者特别是从事接触网工作的现场工作人员提出宝贵意见和建议,以便教材进一步完善。

编 者<br>
2024年6月

# 数字资源列表

资源使用说明：

1. 扫描封面二维码，注意每个码只可激活一次；
2. 长按弹出界面的二维码关注"交通教育出版"微信公众号并自动绑定资源；
3. 公众号弹出"购买成功"通知，点击"查看详情"，进入后即可查看资源；
4. 也可进入"交通教育出版"微信公众号，点击下方菜单"用户服务—图书增值"，选择已绑定的教材进行观看。

| 序号 | 名称 |
| --- | --- |
| 1 | 电气化铁道组成 |
| 2 | 牵引供电系统供电方式 |
| 3 | 接触网供电方式 |
| 4 | 接触网的组成 |
| 5 | 接触网悬挂类型 |
| 6 | 接触网线索 |
| 7 | 接触网吊弦 |
| 8 | 接触网补偿装置 |
| 9 | 激光测量仪的使用 |
| 10 | 定位装置组成及作用 |
| 11 | 接触网定位方式 |

续上表

| 序号 | 名称 |
|---|---|
| 12 | 接触网拉出值 |
| 13 | 腕臂作用及分类 |
| 14 | 腕臂装配 |
| 15 | 软横跨和硬横跨 |
| 16 | 接触网绝缘子 |
| 17 | 支柱按材料分类 |
| 18 | 支柱按用途分类 |
| 19 | 锚段与锚段关节 |
| 20 | 中心锚结 |
| 21 | 线岔 |
| 22 | 电分段 |
| 23 | 电分相 |
| 24 | 隔离开关 |
| 25 | 电连接 |
| 26 | 安全用具的使用 |
| 27 | 常用绝缘用具及专用工具的使用 |
| 28 | 触电急救 |
| 29 | 隔离开关开合操作 |
| 30 | 支柱攀登 |
| 31 | 挂拆接地线 |
| 32 | 腕臂地面预配 |
| 33 | 承力索回头预制 |
| 34 | 接触线断线接续练习 |
| 35 | 承力索断线接续 |
| 36 | 分段绝缘器更换 |
| 37 | 定位装置的更换及拉出值调整 |
| 38 | 吊弦更换 |
| 39 | $b$ 值调整 |

# 目录

**项目一　牵引供电系统认知** …………………………………… 1

　　任务一　电气化铁路组成认知 …………………………………… 2
　　任务二　牵引供电系统供电方式认知 …………………………… 8
　　任务三　接触网供电方式认知 ………………………………… 12

**项目二　接触网组成与结构认知** ………………………………… 16

　　任务一　接触网悬挂装置认知 ………………………………… 17
　　任务二　接触网定位装置认知 ………………………………… 36
　　任务三　接触网支持装置认知 ………………………………… 43
　　任务四　接触网支柱与基础认知 ……………………………… 53
　　任务五　锚段关节、中心锚结及线岔认知 …………………… 59
　　任务六　电分段与电分相认知 ………………………………… 70
　　任务七　单项设备与附加导线认知 …………………………… 75

**项目三　接触网工基本技能训练** ………………………………… 82

　　任务一　接触网工程图识读 …………………………………… 83
　　任务二　接触网零部件认知 …………………………………… 94

任务三　接触网常用工具及仪器使用……………………108

## 项目四　接触网运行管理……………………………………121
　　　任务一　接触网运行维修………………………………122
　　　任务二　接触网外部环境管理…………………………127
　　　任务三　接触网故障与抢修……………………………131

## 项目五　接触网检修维护……………………………………136
　　　任务一　安全工器具的使用……………………………137
　　　任务二　隔离开关倒闸操作……………………………141
　　　任务三　接触网支柱攀登………………………………144
　　　任务四　接地线挂拆……………………………………149
　　　任务五　腕臂地面预配…………………………………154
　　　任务六　承力索回头制作………………………………158
　　　任务七　接触线断线接续………………………………163
　　　任务八　承力索断线接续………………………………167
　　　任务九　分段绝缘器更换………………………………172
　　　任务十　定位装置的更换及拉出值调整………………178
　　　任务十一　吊弦调整与更换……………………………183
　　　任务十二　$b$ 值调整……………………………………189

## 附表　接触网常用零件型号及参数表………………………195
　　　附表1　高速铁路接触网常用零件型号及参数表………196
　　　附表2　高速铁路接触网零件紧固力矩表………………213
　　　附表3　普速接触网零件紧固力矩表……………………217

## 参考文献………………………………………………………219

# 项目一

# 牵引供电系统认知

## ❂ 项目描述

本项目主要介绍电气化铁路的组成、牵引供电系统供电方式、接触网供电方式等牵引供电方面的知识,对于接触网的结构认知、运行原理和检修维护起到知识铺垫作用,便于读者了解接触网在牵引供电系统中的作用。

## ◎ 学习目标

**知识目标**

1. 熟悉电气化铁路"三大元件",即牵引变电所、接触网、电力机车;
2. 掌握牵引供电系统电流制式及额定电压;
3. 掌握牵引供电系统组成及供电方式;
4. 掌握接触网供电方式及其应用。

**能力目标**

1. 能够认识接触网在牵引供电系统中的作用;
2. 能够认识牵引变电所、分区所(亭)、开闭所、AT所等供电单元在牵引供电系统中的作用;
3. 能够对牵引供电系统工作原理进行分析;
4. 能够对牵引供电系统及接触网供电方式进行分析。

**素质目标**

1. 通过学习养成较强的安全意识和自我行为约束能力;
2. 通过学习培养吃苦耐劳、敬业奉献的精神和团队合作意识。

## ❈ 建议课时

4~6课时。

# 任务一 电气化铁路组成认知

## 任务单

| 任务名称 | 电气化铁路组成认知 | 工单号 | |
|---|---|---|---|
| 姓名 | | 学号 | |
| 班级 | | 日期 | |
| 拟完成工作任务：<br>(1)电气化铁路"三大元件"认知。<br>(2)受电弓结构及作用认知。<br>(3)牵引变电所、分区所(亭)、开闭所、AT 所的工作原理认知 | | | |
| 学习重点：电气化铁路"三大元件"及牵引供电系统组成 | | | |
| 学习难点：牵引变电所、分区所(亭)、开闭所、AT 所的工作原理 | | | |
| 教学所需设备：接触网模拟仿真沙盘、牵引供电系统仿真软件 | | | |

## 知识学习

采用电力机车作为主要牵引动力的铁路称为电气化铁路。低能耗、高效率、高速度的电力牵引已成为世界各国铁路发展趋势,是铁路现代化的标志。接触网是特殊的供电线路,是牵引供电系统重要的组成部分之一。电力系统的电能通过牵引变电所和接触网为电力机车和动车组列车供电,牵引列车运行。

中国的电气化铁路采用目前国际上普遍使用的先进的 25kV 单相工频交流制。其优点为:牵引供电系统的结构简单,牵引变电所损耗小、间距大、数目少,电力机车黏着性能和牵引性能良好,大大降低了建设投资和运营费用。

电气化铁道组成

电气化铁路有如下优势：
(1)多拉快跑,提高运输能力。
(2)综合利用资源,降低燃料消耗。
(3)降低运输成本,提高劳动生产率。
(4)改善劳动条件,不污染环境。
(5)有利于铁路沿线实现电气化改造。

电力机车本身不携带原动机,靠外部电力系统经过牵引供电装置供给其电能,故电气化铁路是由电力机车和牵引供电装置组成的。

牵引供电装置一般分成牵引变电所和接触网两部分,所以人们又将电力机车、牵引变电所和接触网称为电气化铁路的"三大元件"。下面对电力机车、受电弓、牵引变电所、分区所(亭)、开闭所、AT 变电所与 AT 所做简要介绍。

## 一、电力机车

电力机车和动车组的工作原理是受电弓从接触网获得高压单相交流电能,经过降压和整流,把高压交流电转换成低压直流电或交流电,供给牵引电机用于驱动列车。所以,电力机车根据传动方式有"交—直"和"交—直—交"两种。例如,韶山(SS)系列电力机车采用"交—直"传动方式,和谐(HX)系列电力机车采用"交—直—交"传动方式。目前,我国电力机车主要是这两种系列电力机车。

电力机车靠其顶部升起的受电弓直接接触导线获取电能。每台电力机车前后各有一个受电弓,由司机控制其升降,受电弓与安装平台的车顶电气绝缘。受电弓升起工作时,紧贴接触网线摩擦滑行,将电能引入电力机车。电力机车的工作原理如图1-1所示。

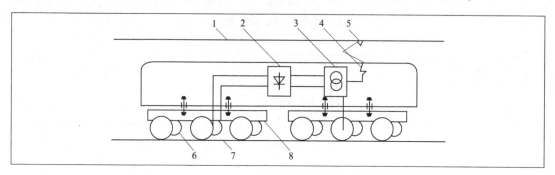

图1-1 电力机车的工作原理
1-接触网;2-传动系统;3-主变压器;4-主断路器;5-受电弓;6-牵引电机;7-钢轨;8-转向架

## 二、受电弓

1. 受电弓结构

受电弓是电力机车或动车组从接触网取得电流的装置,由弓头、主架、上下支架和传动装置等部分组成。主架包括抬升装置和缓冲装置。我国电气化铁路电力机车受电弓通常采用1950mm受电弓弓头,最大工作长度为1450mm,允许工作范围(碳滑板长度)为1030mm。受电弓性能的好坏直接影响取流质量。受电弓及滑板结构示意图如图1-2所示。

2. 弓网压力

受电过程中弓线相互接触,受电弓对接触导线有一个抬升力,使导线产生抬升量。静态时,抬升力就等于接触压力(70~90N),当受电弓沿接触导线移动时,受电弓的接触压力迅速变化(50~130N)。若压力过小,则会造成受电弓离线(受电弓滑板与接触线脱离),出现拉弧,使弓网烧伤;若压力过大,则会使受电弓滑板和接触导线的磨损加剧,缩短接触线使用寿命。

3. 受电弓动态包络线

受电弓的上下振动和左右摆动直接影响弓网安全和受流质量。受电弓动态包络线是指列车在以最高设计速度运行时,受电弓上下振动和左右摆动所允许达到的极限尺寸。

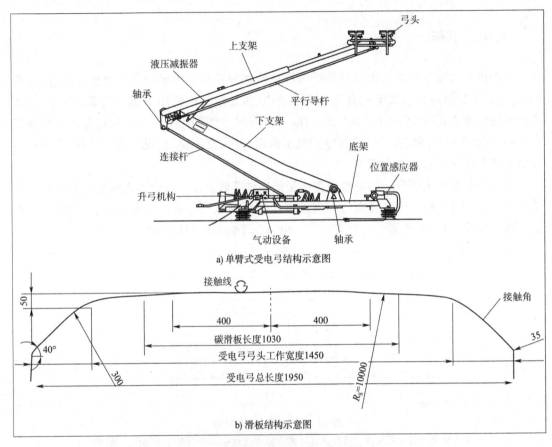

图1-2 受电弓及滑板结构示意图(尺寸单位:mm)

## 三、牵引变电所

将电能从电力系统传给电力机车的电装置的总称叫作牵引供电系统,它由发电厂、牵引变电所、接触网、电力机车和钢轨等构成。牵引供电回路是由牵引变电所、馈电线、接触网、电力机车、钢轨、回流线等组成的闭合回路。牵引供电回路电流称为牵引电流。通常将接触网、馈电线、钢轨和回流线统称为牵引网。牵引供电回路如图1-3所示。

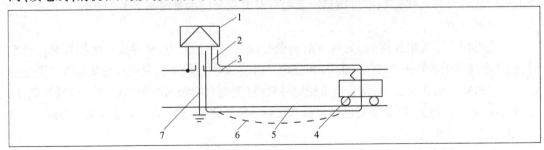

图1-3 牵引供电回路
1-牵引变电所;2-馈电线;3-接触网;4-电力机车;5-钢轨;6-地中回流;7-回流线

牵引变电所是电气化铁路的心脏,其主要任务是将电力系统输送来的110kV(220kV、330kV)三相工频交流电通过牵引变压器变成27.5kV单相工频交流电,再通过不同的馈电线将27.5kV单相工频交流电送到接触网上,满足电力机车的供电需要。我国目前所用的牵引变压器有三相式、三相-二相式及单相式三种类型。牵引变电所至分区所(亭)之间的接触网(含馈电线)称为供电臂(也称为供电分区)。

### 四、分区所(亭)

分区所(亭)设于两个牵引变电所的中间,用于联系两个相邻的接触网供电分区,实现越区供电和复线区段上下行并联供电。分区所(亭)布置如图1-4所示。

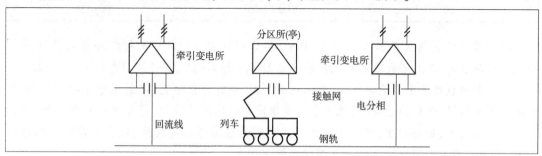

图1-4 分区所(亭)布置

### 五、开闭所

开闭所是指设有开关,能进行电分段或变更馈线数目的开关站。开闭所主要起线路分配和保护作用,一般设在车站或站场等接触网线路较多的地方。

### 六、AT变电所与AT所

1. AT变电所

牵引网采用自耦变压器供电(AT供电)时,AT变电所主变压器二次侧电压为55kV,出口处并联一台自耦变压器,由于自耦变压器的中性点与钢轨相连,牵引网的供电电压为$2 \times 27.5$kV。

2. AT所

AT供电方式中,在铁路沿线每隔10km左右设置一台自耦变压器AT,该处所称为AT所,它起改善电压水平、功率放大和抗干扰的作用。

### 知识拓展

**电流制式和额定电压**

1. 牵引供电系统电源选择

电气化铁路供电系统的外部电源来自公用电力系统的电力网,而限制电力网送电能力的原因有四个:导线发热、电压损失、功率和能量损耗、稳定破坏。这四个原因都是由电流引起的,解决方法就是提高供电电压,减小电流。因为三相功率和线电压、线电流的关系为 $S=\sqrt{3}UI$,当输入功率一定时,电压越高,电流越小,所以提高电压是提高电网输送能力、降低网损、提高电能质量的有效措施。电力网的电压等级一般根据输送功率和输送距离来选择,其应用的大致范围见表1-1。

电力网额定电压和输送功率、输送距离的关系　　　　表1-1

| 额定电压(kV) | 输送功率(MV·A) | 输送距离(km) |
|---|---|---|
| 110 | 10~50 | 50~150 |
| 220 | 100~150 | 100~300 |
| 500 | 1000~1500 | 150~850 |

我国第一条电气化铁路宝凤段于1961年建成开通时,牵引变电所外部电源即采用110kV电源供电,后期建成的电气化铁路一直习惯采用110kV,保证了供电的安全、可靠。

由于高速铁路牵引负荷电流大,波动比较剧烈,谐波含量丰富,并且属于单相负荷,为了增大电网对谐波、负序的承受力,减少牵引变电所母线电压的波动,降低输电线路损耗,保证输电线路的动态、静态稳定,牵引变电所进线电压等级需与负荷匹配;结合负荷需要和电网发展,高速铁路牵引变电所进线电压等级选择220kV。

2. 电流制式

电流制式主要有直流制、低频单向交流制、工频单向交流制三种。其中,工频单向交流制主要指25kV、50Hz电流制式,我国电气化铁路均采用该制式。

3. 接触网电压

接触网和电力机车受电弓之间的电压是一种波动电压,电压大小与电力机车和牵引变电所的距离有关。《铁路技术管理规程》中对电气化铁路接触网电压的规定:接触网标称电压值为25kV,最高工作电压为27.5kV,短时(5min)最高工作电压为29kV,最低工作电压,普速铁路为19kV。

供电电压高于最低电压(20kV)可保证动车组运行,但不能保证动车组功率完全发挥。受电弓的有效电压达到22.5kV及以上时,动车组才能发挥最佳性能。

## 任务实施

| 任务名称 | 电气化铁路组成认知 | 工单号 | |
|---|---|---|---|
| 姓名 | | 学号 | |
| 班级 | | 日期 | |
| 操作任务:绘制牵引变电所、分区所(亭)布置示意图,并标出牵引供电回路 ||||
| 操作中存在的问题及解决方法: ||||

| 项目 | 赋分 | 自评得分 | 互评得分 | 教师评分 |
|---|---|---|---|---|
| 知识理解正确 | 20 | | | |
| 处理方法得当 | 20 | | | |
| 表达清晰准确 | 20 | | | |
| 实施结果正确 | 40 | | | |
| 综合得分(自评得分10%,互评得分30%,教师评分60%) |||||

## 任务考核

### 一、填空题

1. 电气化铁路"三大元件"包括_____、_____、_____。
2. 我国电力机车受电弓通常采用_____mm受电弓弓头,最大工作长度为_____mm,允许工作范围(碳滑板长度)为_____mm。
3. 根据《铁路技术管理规程》的规定,接触网标称电压值为_____kV,最高工作电压为_____kV,短时(5min)最高工作电压为_____kV。

### 二、选择题

1. 接触网短时(5min)最高工作电压为(　　)kV。
 A. 19　　　　B. 25　　　　C. 27.5　　　　D. 29
2. 我国第一条电气化铁路是(　　)年建成通车的。
 A. 1958　　　B. 1960　　　C. 1961　　　　D. 1967

### 三、判断题

1. 采用电力机车为主要牵引动力的铁路称为电气化铁路。　　　　　　　(　　)
2. 电气化铁路供电系统的外部电源来自铁路自建专用的电力网。　　　　(　　)

### 四、简答题

1. 简述弓网压力过大或过小的危害。
2. 牵引变电所、分区所(亭)、开闭所、AT所的作用与区别是什么?
3. 简述我国电气化铁路电流制式。

### 五、思考题

从烧煤到电气化,从以前可以开窗的绿皮火车到现在电气智能化的动车,中国轨道交通经历了很多,无一不凝聚着铁路人的努力,也有很多人在看不到的地方持之以恒地付出,接触网工就是为电气化铁路默默护航的一员。请结合接触网工岗位面临的高空、高压、高速"三高"环境要求,思考应如何从我做起,养成良好的安全意识和提高自我行为约束能力。

# 任务二　牵引供电系统供电方式认知

## 任务单

| 任务名称 | 牵引供电系统供电方式认知 | 工单号 | |
|---|---|---|---|
| 姓名 | | 学号 | |
| 班级 | | 日期 | |
| 拟完成工作任务：<br>(1) 了解设置不同牵引供电方式的原因。<br>(2) 简述牵引供电系统供电方式的主要种类。<br>(3) 不同牵引供电方式工作原理认知 | | | |
| 学习重点：不同牵引供电方式工作原理 | | | |
| 学习难点：AT 供电系统工作原理 | | | |
| 教学所需设备：接触网模拟仿真沙盘、牵引供电系统仿真软件 | | | |

## 知识学习

电力牵引供电系统常采用的供电方式主要有四种,即直接供电方式(TR 供电方式)、带回流线的直接供电方式(TRNF 供电方式)、吸流变压器供电方式(BT 供电方式)和自耦变压器供电方式(AT 供电方式)。交流电气化铁路对邻近通信线路的干扰主要由接触网与地回路对通信线的不对称引起。如果能实现由对称回路向电力机车供电,就可以大大减小对通信回路的干扰。采用 BT、AT 等供电方式就是为了提高供电回路的对称性。目前,电气化铁路多采用 TRNF 供电方式和 AT 供电方式。

牵引供电系统供电方式

### 一、TR 供电方式

电气化铁路最早大都采用 TR 供电方式。TR 供电方式是指电力机车供电由接触网、钢轨、大地直接构成回路,对通信干扰不加特殊防护措施,是一种最简单的供电方式。其特点是投资最省,牵引网阻抗较小,能损也较低,供电距离一般为 30～40km。电气化铁路的单项负荷电流由接触网经钢轨流回牵引变电所。由于钢轨和大地不是绝缘的,一部分回流由钢轨流入大地,对通信线路产生感应影响,这是 TR 供电方式的缺点。TR 供电方式如图 1-5 所示。

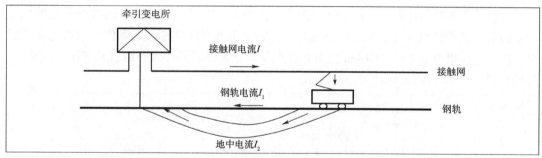

图1-5 TR供电方式

## 二、TRNF供电方式

TRNF供电方式是在接触网支柱田野侧架设一条与钢轨并联的回流线,也称为负馈线(NF线),利用接触网与回流线之间的互感作用,使钢轨中的回流尽可能地由回流线流回牵引变电所。流经接触网的电流和流经回流线的电流虽然大小不等,但方向相反,且安装高度比较接近,对铁路沿线通信设施的电磁干扰影响趋于抵消,因此牵引网本身具备防干扰功能,在普速铁路应用广泛。TRNF供电方式如图1-6所示。

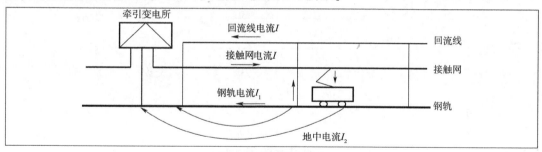

图1-6 TRNF供电方式

## 三、BT供电方式

BT供电方式是在牵引供电系统中加装吸流变压器和回流线的供电方式。吸流变压器的变比为1:1,它的一次绕组串接在接触网中,二次绕组串接在专为牵引电流流回牵引变电所而设置的回流线中,故称之为吸流变压器-回流线供电方式。两个吸流变压器之间的距离称为BT段,一般BT段长为2~4km。BT供电方式由于在接触网同高度的外侧增设了一条回流线,回流线上的电流与接触网上的电流方向相反,大大减轻了接触网对邻近通信线路的干扰。BT供电方式如图1-7所示。

## 四、AT供电方式

在AT供电系统中,牵引变电所出口处通过自耦变压器提供两相55kV电压,分别连接并行架设的接触线和正馈线(AF线),钢轨与自耦变压器的中性点连接,使接触线、正馈线与钢轨间的电压等级均为27.5kV,正馈线通过自耦变压器形成与接触线等值反向的电流流回变电所。这种供电方式每隔10km左右在接触网与正馈线之间并入一台自耦变压器,中性点与钢轨相连。AT供电方式如图1-8所示。

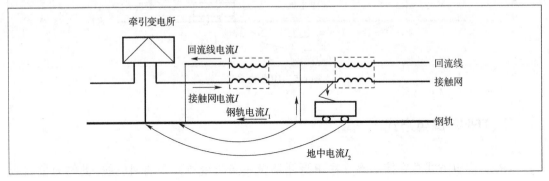

图1-7 BT供电方式

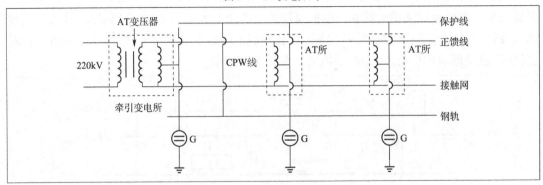

图1-8 AT供电方式
CPW线-保护用连接线

## 知识拓展

自耦变压器将牵引网的供电电压提高1倍,而供给电力机车的电压仍为25kV,电力机车由接触网受电后,牵引电流由钢轨流回。由于自耦变压器的作用,从钢轨流回的电流,经自耦变压器绕组和正馈线流回变电所。当自耦变压器的一个绕组流过电力机车电流时,其另一个绕组感应出电流供给电力机车,AT供电方式的牵引网阻抗很小,约为TR供电方式的1/4,因此电压损失小,电能损耗低,供电能力强,供电距离长,可达50km。牵引变电所之间的距离增大,既减少了牵引变电所数量,也减少了电力系统对电气化铁路供电的工程投资。

牵引负荷电流在接触网和正馈线中方向相反,因此对邻近的通信线路干扰很小,其防干扰效果与吸流变压器——TRNF供电方式相当。

## 任务实施

| 任务名称 | 牵引供电系统供电方式认知 | | 工单号 | |
|---|---|---|---|---|
| 姓名 | | | 学号 | |
| 班级 | | | 日期 | |

操作任务：绘制牵引供电系统示意图，并标出各部分名称及牵引电流流经途径

操作中存在的问题及解决方法：

| 项目 | 赋分 | 自评得分 | 互评得分 | 教师评分 |
|---|---|---|---|---|
| 知识理解正确 | 20 | | | |
| 处理方法得当 | 20 | | | |
| 表达清晰准确 | 20 | | | |
| 实施结果正确 | 40 | | | |

综合得分（自评得分10%，互评得分30%，教师评分60%）

## 任务考核

### 一、填空题

1. 牵引供电系统的供电方式主要有_____、_____、_____、_____和_____五种。

2. AT牵引变电所出口处电压为_____kV，每隔_____km左右在接触网与正馈线之间并入一台自耦变压器。

### 二、判断题

1. 自耦变压器将牵引网的供电电压提高1倍，所以供给电力机车的电压也提高1倍。（  ）

2. 直供+回流供电方式，接触网支柱田野侧架设的与钢轨并联的回流线，也称为负馈线（NF线）。（  ）

### 三、简答题

1. 简述设置不同牵引供电方式的原因。
2. 简述不同牵引供电系统供电方式工作原理。

### 四、思考题

党的十八大以来，我国高质量推进铁路建设发展，建成了世界上最大的高速铁路网。不仅如此，中国高铁还走出了国门，走向了世界。作为铁路人，我们倍感自豪，也深知自己岗位的责任，我们应自立自强，不断提升能力，助力赋能铁路新质生产力发展。请结合接触网工岗位要求，思考应如何从我做起培养吃苦耐劳、敬业奉献的精神？

# 任务三　接触网供电方式认知

## 任务单

| 任务名称 | 接触网供电方式认知 | 工单号 | |
|---|---|---|---|
| 姓名 | | 学号 | |
| 班级 | | 日期 | |
| 拟完成工作任务：<br>(1) 简述设置不同接触网供电方式的原因。<br>(2) 简述接触网供电方式的主要种类。<br>(3) 不同接触网供电方式工作原理认知 ||||
| 学习重点：不同接触网供电方式工作原理 ||||
| 学习难点：并联供电、越区供电方式工作原理 ||||
| 教学所需设备：接触网模拟仿真沙盘、牵引供电系统仿真软件 ||||

## 知识学习

接触网是架设在铁路线上空向电力机车提供电能的特殊形式的输电线路。电能由地方电力网输送到铁路牵引变电所后，经主变压器降压达到电力机车正常使用所需电压等级，再由馈电线送至接触网。电力机车从接触网上获取电能以提供牵引动力，保证列车运行。电气化铁路供电系统如图1-9所示。

接触网供电方式

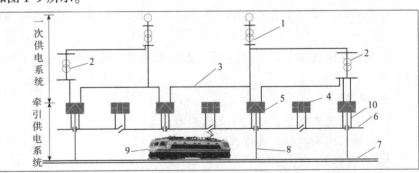

图1-9　电气化铁路供电系统

1-发电厂；2-区域变电所；3-传输线；4-分区所(亭)；5-牵引变电所；6-接触线；7-轨道回路；8-回流线；9-电力机车；10-馈电线

电流从牵引变电所经馈电线送至接触网，流过电力机车，再经轨道回路和回流线，流回牵引变电所。应该指出：由于轨道和大地间是不绝缘的，电力机车的电流流到轨道以后，并非全部电流都沿着轨道流回牵引变电所。实际上有部分电流进入大地，并在地中流回牵引变电所，这种流经大地的电流称为地中电流（又称泄漏电流或杂散电流）。接触网有以下四种供电方式。

## 一、单边供电

两个牵引变电所将接触网分成两个供电分区(又称供电臂),正常情况下,两个相邻供电臂之间的接触网在电气上是绝缘的,每个供电分区只从一端牵引变电所获得电能的供电方式称为单边供电。单边供电时,相邻供电臂电气上独立,运行灵活;接触网发生故障时,只影响本供电分区,故障范围小;牵引变电所馈线保护装置较简单。单边供电是我国电气化铁路采用的主要形式。单边供电如图1-10所示。

## 二、双边供电

若两个供电分区通过开关设备在电路上连通,两个供电分区可同时从两个牵引变电所获得电能,这种供电方式称为双边供电。双边供电可提高接触网电压水平,减少电能损耗。双边供电如图1-11所示。由于馈线及分区亭的保护及开关设备都较复杂,目前采用较少。

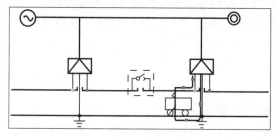

图1-10 单边供电

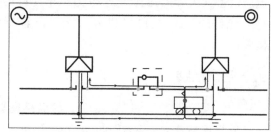

图1-11 双边供电

## 三、并联供电

复线区段供电方式与上述基本相同,但每一供电臂分别向上、下行接触网供电,因此牵引变电所馈出线有4条。同一侧供电臂上、下行并联供电应采用断路器接线方式实行并联供电。并联供电可提高供电臂末端电压,但是接触网发生事故时,影响范围大,运行检修不够灵活。越区供电时,通过分区所(亭)隔离开关来实现。复线区段并联供电如图1-12所示。

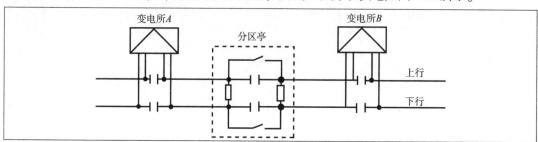

图1-12 复线区段并联供电

## 四、越区供电

单边供电和双边供电为正常的供电方式,还有一种非正常供电方式(也称事故供电方式)叫作越区供电,如图1-13所示。

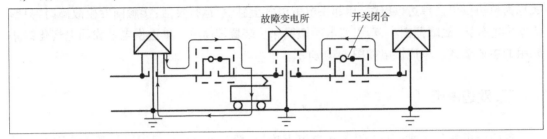

图1-13 越区供电

由于越区供电的供电距离大大延长,在列车运行数量相同的情况下,延伸供电臂的末端电压就会大大降低,倘若低于电力机车允许的最低工作电压,将造成电力机车不能运行,这是不允许的。因此,越区供电只能保证客车或重要货车通过,是避免中断运输的临时性措施。

### 知识拓展

**数据采集与监控系统**

数据采集与监控系统(Supervisory Control and Data Acquisition,SCADA),又称远动系统,是以计算机为基础的生产过程控制与调度自动化系统,利用远程通信技术进行信息传输,实现对远程设备的监视和控制、数据采集、设备控制、测量、参数调节、各类信号报警以及视频监视等各项功能。

我国干线电气化铁路已推广使用具有集中监视及控制功能的SCADA系统。SCADA系统由调度主站、被控站、传输通道三部分组成,设在铁路供电调度台、邻近行车调度台处。

## 任务实施

| 任务名称 | 接触网供电方式认知 | | 工单号 | |
|---|---|---|---|---|
| 姓名 | | | 学号 | |
| 班级 | | | 日期 | |

操作任务：绘制并联供电、越区供电示意图，并标出各部分名称

操作中存在的问题及解决方法：

| 项目 | 赋分 | 自评得分 | 互评得分 | 教师评分 |
|---|---|---|---|---|
| 知识理解正确 | 20 | | | |
| 处理方法得当 | 20 | | | |
| 表达清晰准确 | 20 | | | |
| 实施结果正确 | 40 | | | |

综合得分（自评得分10%，互评得分30%，教师评分60%）

## 任务考核

### 一、填空题

1. 接触网供电方式主要有_____、_____、_____、_____。
2. SCADA 系统由_____、_____、_____三部分组成。

### 二、选择题

1. 越区供电时，通过分区所(亭)的(　　)来实现。
   A. 隔离开关　　　B. 断路器　　　C. 熔断器　　　D. 避雷器
2. 复线区段供电方式，牵引变电所的馈出线有(　　)条。
   A. 1　　　　　　B. 2　　　　　　C. 3　　　　　　D. 4

### 三、判断题

1. 并联供电可提高供电臂末端电压。　　　　　　　　　　　　(　　)
2. 我们电气化铁路接触网采用的主要供电方式是双边供电。　　(　　)

### 四、简答题

1. 简述并联供电中分区所(亭)的作用。
2. 简述不同接触网供电方式工作原理。

# 项目二

# 接触网组成与结构认知

## 📷 项目描述

通过接触网沙盘模拟仿真系统演示和演练场实操,认识接触网的结构组成及每一部分的作用。依托课程学习平台,通过课前预习、课中答疑、课后拓展等学习环节,掌握接触网组成与结构;通过任务实施,掌握知识点。

## ◎ 学习目标

**知识目标**

1. 熟悉接触网主要组成部分,包括接触悬挂、支持装置、定位装置、支柱与基础;
2. 掌握接触网悬挂类型及其应用;
3. 掌握腕臂、软横跨、硬横跨、隧道等不同支持装置的结构;
4. 掌握定位装置的不同定位方式及其作用;
5. 接触网掌握支柱分类及其用途;
6. 掌握补偿装置、锚段、锚段关节、线岔、电分段与电分相等接触网结构与用途。

**能力目标**

1. 能够认识接触网的主要组成;
2. 能够认识接触悬挂、支持装置、定位装置、支柱与基础的组成、分类及作用;
3. 能够认识补偿装置、锚段、锚段关节、线岔等接触网结构及其作用;
4. 能够通过电分段、电分相与隔离开关、电连接之间的配合,对接触网如何实现灵活可靠供电进行分析。

**素质目标**

1. 通过学习养成较强的安全意识;
2. 通过项目训练树立责任意识、红线意识;
3. 通过项目训练培养吃苦耐劳、敬业奉献精神和团队合作意识。

## ✳ 建议课时

24~26课时。

# 任务一  接触网悬挂装置认知

## 任务单

| 任务名称 | 接触网悬挂装置认知 | 工单号 | |
|---|---|---|---|
| 姓名 | | 学号 | |
| 班级 | | 日期 | |
| 拟完成工作任务：<br>(1)不同接触悬挂方式认知。<br>(2)接触网线索材料及分类认知。<br>(3)吊弦的作用及分类认知。<br>(4)补偿装置的作用及分类认知 ||||
| 学习重点：不同接触网悬挂方式的作用及补偿装置工作原理 ||||
| 学习难点：补偿装置组成及工作原理 ||||
| 教学所需设备：接触网模拟仿真沙盘、牵引供电系统仿真软件、接触网演练场 ||||

## 知识学习

接触网的组成

### 一、接触网的组成

接触网由接触悬挂、支持装置、定位装置、支柱与基础等几部分组成,如图2-1所示。

**1. 接触悬挂**

接触悬挂包括接触线、吊弦、承力索和补偿器及连接零件。接触悬挂通过支持装置架设在支柱上,其作用是将从牵引变电所获得的电能输送给电力机车。电力机车运行时,受电弓滑板紧贴接触线摩擦滑行获取电能(简称"取流")。为了保证滑板的良好取流,接触悬挂应满足下列要求。

(1)弹性尽量均匀。

接触悬挂弹性是指接触悬挂在受电弓抬升力作用下所具有的抬高性能,用单位垂直力使接触线升高量表示,单位为mm/N。衡量弹性好坏的标准有:

①弹性的大小(取决于接触线索的张力)。

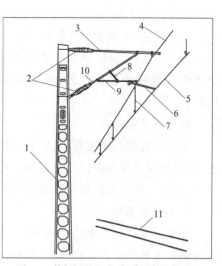

图2-1 接触网的组成(部分元件未标示)
1-支柱;2-棒式绝缘子;3-平腕臂;4-承力索;5-接触线;6-定位器;7-吊弦;8-定位管支撑;9-定位管;10-单耳腕臂;11-钢轨

②弹性均匀程度(取决于悬挂结构、悬挂类型和某些附在接触线上的集中负载的集中程度等)。当接触线本身不平直或者在接触线的某一位置存在较大的集中负载时,接触线将出现硬点,影响接触网受流质量。

(2) 接触线坡度适当。

接触线与轨面的高度应尽量相等,以限制接触线坡度。接触线坡度,是一个跨距两端的支柱悬挂处接触线距轨面高度差与跨距值的千分率。

$$i = \frac{H_A - H_B}{1000L} \times 1000‰ \tag{2-1}$$

式中：$i$——接触线坡度,‰;

$H_A$、$H_B$——跨距两端的支柱悬挂处接触线轨面高度,mm;

$L$——跨距,m。

接触线坡度对电力机车运行速度有很大影响,若接触线坡度选择不当,会产生离线、起弧等不正常情况。

(3) 良好的稳定性。

接触悬挂在受电弓压力及风力作用下应有良好的稳定性,即电力机车运行取流时,接触线不发生剧烈的上下振动;在风力作用下,不发生过大的横向摆动。这就要求接触线有足够的张力,并能适应气候的变化。

(4) 结构的标准化。

接触悬挂的结构及零部件应力求轻巧、简单、可靠,并做到标准化,以便检修和互换,缩短施工及运行维护时间。同时,接触悬挂应具有一定的抗腐蚀性和耐磨性,以延长使用年限。

2. 支持装置

支持装置在接触网中支持接触悬挂,并将其机械负荷传给支柱固定的部分。腕臂支持装置包括腕臂、平腕臂(或水平拉杆、悬式绝缘子串)、棒式绝缘子及接触悬挂的悬吊零件。根据接触网所在区间、站场和大型建筑物的不同需要,支持装置表现为不同的形式。支持装置结构应能适应各种场所,尽可能轻巧、耐用,并保证有足够的机械强度,以方便施工和检修。

3. 定位装置

定位装置包括定位管、定位器、定位线夹及其连接零件,其作用是固定接触线的横向位置,使接触线水平定位在受电弓滑板运行轨迹范围内,保证接触线与受电弓不脱离,使受电弓磨耗均匀,同时将接触线的水平负荷传给支柱。

4. 支柱与基础

支柱与基础用于承受接触悬挂、支持装置和定位装置的全部负荷,并将接触悬挂固定在规定的位置和高度上。在我国,接触网主要采用预应力钢筋混凝土支柱和钢柱,其基础用来承载支柱负荷,即将支柱固定在用钢筋混凝土制成的地下基础上,由基础承受支柱传给的全部负荷,并保证支柱的稳定。预应力钢筋混凝土支柱也可不设单独的基础,将支柱直接埋入地下,起到基础的作用。

## 二、接触网悬挂类型

接触网的分类大多以接触悬挂的类型来区分。在一条接触网线路上,为了满足供电和机械方面的需求,总是将接触网分成若干一定长度且相互独立的分段,这就是接触网的锚段。而接触悬挂的分类是针对架空式接触网中的每个锚段而言的。

接触线(或承力索)端头同支柱的连接称为线索的下锚。接触网下锚(也称锚定)方式有两种:一种是将线索端头同支柱直接固定连接,称为硬锚或者未补偿下锚;另一种是加装补偿装置,以调整线索的弛度和张力,称为补偿下锚。接触网下锚方式如图 2-2 所示。

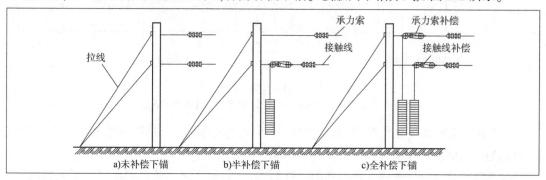

图 2-2 接触网下锚方式

接触网悬挂类型根据其结构的不同,分为简单悬挂和链形悬挂两大类。

1. 简单悬挂

简单悬挂是由一根接触线直接固定在支柱支持装置上的悬挂形式。它的发展经历了未补偿简单悬挂(图 2-3)、季节调整式简单悬挂和带补偿装置简单悬挂(图 2-4)、弹性吊索式简单悬挂。

接触网悬挂类型

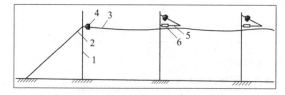

图 2-3 未补偿简单悬挂结构示意图
1-支柱;2-拉线;3-接触线;4-绝缘子串;5-腕臂;6-棒式绝缘子

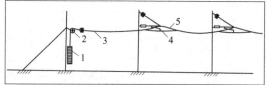

图 2-4 带补偿装置简单悬挂结构示意图
1-坠砣;2-补偿滑轮;3-接触线;4-定位器;5-弹性吊弦

对于未补偿简单悬挂,其优点是结构简单,要求支柱高度较低,因此建设投资少,施工和检修方便;其缺点是导线的张力和弛度随气温的变化较大,接触线在悬挂点受力集中,形成硬点,弹性不均匀,不利于电力机车高速运行时取流。在多隧道的山区和行车速度不高的线路上可采用未补偿简单悬挂,我国部分线路采用了这种悬挂形式。

2. 链形悬挂

链形悬挂是一种运行性能较好的悬挂形式。它的结构特点是接触线通过吊弦悬挂在承力索上,承力索通过钩头鞍子、承力索座或悬吊滑轮悬挂在支持装置的腕臂上,使接触线在不增加支柱的情况下增加悬挂点,通过调节吊弦长度使接触线在整个跨距中与轨面的高度基本保持一致,减小接触线在跨中的弛度,改善接触线弹性,增加接触悬挂的质量,提高稳定性,以达到满足电力机车高速运行时取流的要求。链形悬挂分类如下。

(1)按悬挂链的数量分类。

链形悬挂按悬挂链的数量可分为单链形悬挂和双链形(又称复链形)悬挂。

①单链形悬挂。根据悬挂点处吊弦的不同形式分为简单链形悬挂和弹性链形悬挂两种,如图2-5所示。

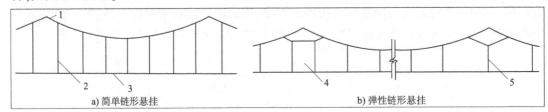

图2-5 链形悬挂示意图
1-承力索;2-吊弦;3-接触线;4-∏形弹性吊弦;5-Y形弹性吊弦

简单链形悬挂由于结构简单,造价较低,运行、检修经验丰富,是我国电气化铁路接触网主要的悬挂类型。

弹性链形悬挂是接触网链形悬挂的一种形式,它和简单链形悬挂相比增加了弹性吊索,提高了悬挂的弹性。这种形式在悬挂点处的承力索上安装辅助绳,在辅助绳上安装吊弦,有∏形和Y形两种形式。弹性链形悬挂在电力机车高速运行时受流性能较为优越,是高速铁路接触网悬挂的主要类型。

②双链形悬挂。双链形悬挂的接触线经短吊弦悬挂在辅助吊索上,辅助吊索又通过吊弦悬挂在承力索上,如图2-6所示。

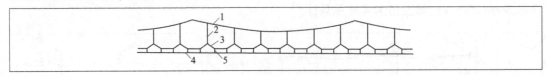

图2-6 双链形悬挂示意图
1-承力索;2-吊弦;3-辅助吊弦;4-接触线;5-短吊弦

双链形悬挂接触线弛度小,受流稳定性和风稳定性都较好,弹性均匀度好,有利于电力机车高速运行取流;结构较复杂,投资及维修费用高,我国使用较少。

(2)按线索的锚定方式分类。

链形悬挂按线索的锚定方式(线索两端下锚的方式)可分为下列三种形式。

①未补偿链形悬挂。这种悬挂方式的承力索和接触线两端无补偿装置,均为硬锚。在大气温度变化时,因为承力索和接触线的热胀冷缩,承力索和接触线的张力、弛度变化较大,造成受流状态恶化,一般不采用。未补偿链形悬挂示意图如图2-7所示。

②半补偿链形悬挂。在半补偿简单链形悬挂中,接触线两端设张力补偿装置,承力索两端为硬锚。半补偿链形悬挂示意图如图2-8所示。

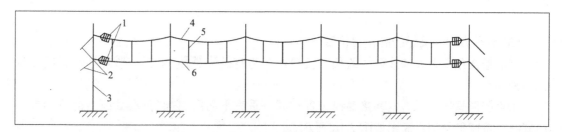

图 2-7 未补偿链形悬挂示意图
1-绝缘子；2-拉线；3-支柱；4-承力索；5-吊弦；6-接触线

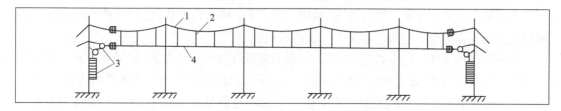

图 2-8 半补偿链形悬挂示意图
1-承力索；2-吊弦；3-补偿装置；4-接触线

半补偿链形悬挂与未补偿链形悬挂相比，在性能上有很大改善。但由于其承力索为硬锚，当温度变化时，承力索的张力和弛度随之发生变化，对接触线产生一定的影响。同时，在温度变化时，承力索的弛度变化使吊弦上端产生上下位移，而吊弦下端随接触线发生顺线路方向的偏斜。各吊弦的偏斜造成接触线纵向张力不均匀，特别是在极限温度下，使接触线在锚段中部和下锚端之间出现较大张力差。接触线张力和弹性不均匀，在支柱悬挂点处产生明显的硬点，不利于电力机车高速运行取流。因此，这种悬挂仅适用于行车速度不快的车站侧线和支线。

根据链形悬挂结构不同，半补偿链形悬挂又有半补偿简单链形悬挂和半补偿弹性链形悬挂之分。

③全补偿链形悬挂。全补偿链形悬挂，即承力索和接触线两端下锚处均装设补偿装置，其示意图如图 2-9 所示。全补偿链形悬挂在温度变化时由于补偿装置的作用，承力索和接触线的张力基本不发生变化，弹性比较均匀，承力索和接触线均产生同方向纵向位移，因而吊弦偏斜大大减小，有利于电力机车高速取流。全补偿链形悬挂是目前我国电气化铁路使用的主要悬挂类型。

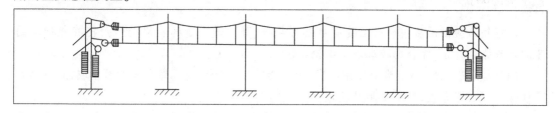

图 2-9 全补偿链形悬挂示意图

全补偿链形悬挂也分为全补偿简单链形悬挂和全补偿弹性链形悬挂两种形式。高速铁路线路多采用全补偿弹性链形悬挂形式，普速、城际铁路线路多采用全补偿简单链形悬挂形式。

(3)按承力索和接触线的相对位置分类。

链形悬挂按承力索和接触线的相对位置可分为直链形悬挂、半斜链形悬挂和斜链形悬挂三种。

①直链形悬挂。承力索和接触线布置在同一垂直平面内，它们在水平面上的投影是一条直线。直链形悬挂示意图如图2-10所示。

直链形悬挂可使接触线、承力索在水平面投影重合，便于吊弦长度计算，并可以提高施工精度，避免接触线在吊弦存在纵向倾斜时出现接触线偏磨，甚至是线夹与受电弓的碰撞。

直链形接触网在结构上受力合理，构造简单，便于维修和安装，张力补偿相对稳定。我国高速铁路和提速改造线路基本上采用直链形悬挂形式。

②半斜链形悬挂。在半斜链形悬挂中，承力索沿线路中心线布置，接触线在每一支柱定位点处，通过定位装置被布置成"之"字形。承力索与接触线不在同一垂直平面内，它们在水平面上的投影有一个较小的偏移。半斜链形悬挂示意图如图2-11所示。半斜链形悬挂风稳定性好，适合用于大跨度路段和弯曲路段，能够适应轨道弯曲和垂直位移的变化。

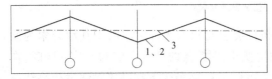

图2-10 直链形悬挂示意图
1-接触线;2-承力索;3-线路中心线

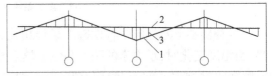

图2-11 半斜链形悬挂示意图
1-接触线;2-承力索;3-吊弦

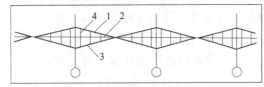

图2-12 斜链形悬挂示意图
1-承力索;2-线路中心线;3-接触线;4-吊弦

③斜链形悬挂。在斜链形悬挂中接触线和承力索均布置成方向相反的"之"字形，接触线和承力索在水平面上的投影有一个较大的偏移。在直线区段，斜链形悬挂示意图如图2-12所示；在曲线区段，承力索对线路中心线向外侧有一个较大的偏移，吊弦的倾斜角较大。

斜链形悬挂的优点是风稳定性好，可增大两支柱之间的距离，但其结构复杂，施工和检修困难，造价较高。斜链形悬挂适用于弯道较多的山区路段等复杂地貌路段。

## 知识拓展

高速铁路接触网目前所采用的简单链形悬挂、弹性链形悬挂及双链形悬挂在相同运行速度及线路条件下，综合比较有以下结论：

(1)从高速受流质量、波动传播速度、多普勒效应、波状磨耗、离线率方面比较，弹性链形悬挂优于双链形悬挂，简单链形悬挂较差。

(2)从结构复杂程度、工程造价、维修工作量方面比较，简单链形悬挂优于弹性链形悬挂，双链形悬挂较差。

(3)从弹性均匀度、受流稳定性、动态抬升量方面比较，双链形悬挂优于弹性链形悬挂，简单链形悬挂较差。

(4)运行速度为300~350km/h的高速电气化铁路,其双链形悬挂、弹性链形悬挂及简单链形悬挂等三种类型都不具有排他性,选用时只是考虑的侧重面不同。

(5)接触线的材质(抗拉度及线密度)在高速接触网的组成中占有特别重要的地位,在确定接触线类型时,应注意选取抗拉强度大、重量较轻的优质线材。

(6)高速铁路接触网具有整体(含弹性吊弦和普通吊弦)效果及耦合性能,应注意消除不均质质点及不均匀张力的现象,除结构问题以外,优良的施工工艺会带来意想不到的受流效果。

### 三、接触网线索

1. 接触线

接触线是接触网中直接和受电弓滑板摩擦接触取流的部分,电力机车通过接触线取得电能。接触线的材质、工艺及性能对接触网起重要作用。对接触线的要求包括:具有较小的电阻率、较大的导电能力;具有良好的抗磨损性能和较长的使用寿命;有高强度的力学性能,具有较强的抗张能力。

接触网线索

接触线制成上部带沟槽的圆柱状,沟槽的设置是为了便于安装、固定接触线的线夹,同时不影响受电弓取流。接触线底面与受电弓接触的部分呈圆弧状。

(1)接触线的分类。

接触线按照材质分为铜接触线、钢铝接触线和铜合金接触线。常见接触线类型如图2-13所示。

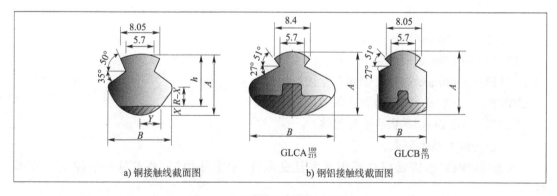

a) 铜接触线截面图　　b) 钢铝接触线截面图

图2-13　常见接触线类型(尺寸单位:mm)

$A$-截面高度;$B$-截面宽度;$X$-磨耗高度;$Y$-磨耗截面半径;$h$-残存高度;$R$-圆形截面积的半径

①铜接触线。我国电气化铁路建设初期,采用的是铜接触线,主要型号为TCG-110。其含义如下:

T——材质为铜;

C——电车线;

G——沟槽型;

数字部分(如110)——接触线的截面积,mm²。

TCG-110、TCG-100 分别主要用于站场正线和区间,TCG-85 主要用于站场侧线。

②钢铝接触线。为了减少有色金属铜的使用量,我国研制了以铝代铜 GLCA $\frac{100}{215}$ 型和 GLCB $\frac{80}{173}$ 型钢铝复合接触线,以及内包钢的 GLCN 型钢铝接触线。其型号数字部分的分子数字表示相当于 100mm² 截面的铜接触线的导电能力,分母数字表示导线的几何截面积(mm²)。

钢铝接触线由导电性能较好的铝和机械强度较高的钢滚压冷轧而成,钢的部分用于保证应有的机械强度和耐磨性能,铝的部分用于导流。钢铝接触线的优点:机械强度大,不容易断线,安全性较好,并且价格便宜,材料来源广泛。钢铝接触线的缺点:刚度和截面积较大,形成的硬弯和死弯不易整直,影响受流,我国电气化铁路已不再使用。

③铜合金接触线。目前我国使用的铜合金接触线主要有铜银合金接触线、铜镁合金接触线、铜锡合金接触线。铜合金接触线具有抗拉强度大、耐高温性能好的优势,目前已成为我国繁忙干线或提速干线接触导线的主流产品。铜合金接触线产品型号表示形式如下:

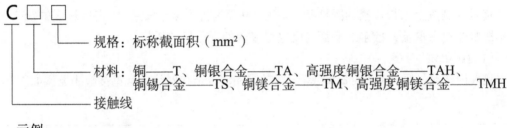

示例:

  CT110——110mm² 铜接触线;

  CTA120——120mm² 铜银合金接触线;

 CTAH120——120mm² 高强度铜银合金接触线;

  CTM120——120mm² 铜镁合金接触线;

  CTS150——150mm² 铜锡合金接触线。

(2)接触线的技术要求。

高速接触网要求接触线电流强度大且受流性、稳定性较好,要求具备下述主要技术性能:

①抗拉强度大。提高接触线抗拉强度(张力)是目前各国普遍采取的技术措施,它可以有效提高接触线的波动速度,同时相应提高列车运行速度。对其要求是:抗拉强度在 500N/mm² 左右。提高接触线张力的效果:不仅可以相应限制高速运行时的动态抬升量,还可以提高弹性系数的不均匀度,使跨中的弹性得以有效降低,使弹性在整个跨距内趋于一致,大大减小弹性不均匀系数。

②电阻系数低。高速接触网中电流强度较大,为此,要求接触线的电阻率低,一般在工作温度20℃时,电阻率应在 0.01768~0.0200Ω·m 范围内,以满足流经大电流的

需要。

③耐热性能好。高速接触网一般在列车运行速度高、密度大、持续时间长时使用。若接触线内长时间流经大电流,持续流过较大的载流量会引起导线发热,在温升达到一定程度时,导线的材质会软化,强度会减小;严重时,接触线会产生因温度影响形成的蠕动性伸长,从而破坏正常的受流。因此,选择的接触线材质应具有较好的耐热性能,一般要求软化点在300℃以上,以适应较高载流量。

④耐磨性能好。接触线和受电弓是滑动接触的,接触压力大、速度高,要求接触线具有良好的耐磨性能,同时要注意接触线的抗腐蚀性,尽量延长其使用寿命。

⑤制造长度长。为了保证高速电气化区段的良好受流,消除硬点及断线隐患,一般在一个锚段内不允许有接头,这就要求接触线的制造长度在1800～2000m范围内,以满足锚段长度的需要。

近年来研制的铜银合金接触线、铜镁合金接触线、铜锌合金接触线都有比较优良的性能指标。纯铜接触线具有导电性能好和施工性能好的优点,但是存在抗拉力差、耐磨性能差和高温易软化等诸多缺点,无法满足高速度、大载流量的要求。铜合金可以提高接触线的机械强度、耐磨性能等。

(3)接触线磨耗。

接触线在运行中,受电弓和接触线的摩擦会造成接触线截面积减小,称为接触线磨耗。接触线磨耗使接触线截面积减小,会影响接触线的强度安全系数。运营中,要求每年至少进行一次接触线磨耗测量,当接触线磨耗达到一定限度时,需要局部补强或更换。若发现全锚段接触线平均磨耗超过该型接触线截面积的20%,应全部更换;当局部磨耗超过30%时可进行补强。

接触线磨耗测量一般一年一次,测量点通常选在定位点、电连接线、导线接头、中心锚结、电分相、电分段、锚段关节、跨距中间等处。

2. 承力索

承力索的作用是通过吊弦将接触线悬挂起来,这就要求承力索承受较大的张力,具有抗腐蚀能力,并且在温度变化时弛度变化较小。承力索根据材质一般可分为钢承力索、铜承力索、铜合金承力索三类及多种规格。按照设计时承力索是否通过牵引电流,可以将承力索分为载流承力索和非载流承力索两种。为提高接触网的可靠性,承力索常采用耐腐蚀能力强、抗拉强度大的铜合金绞线,常见型号为THJ-85、THJ-120。

(1)钢承力索。

钢承力索用镀锌钢绞线制成,其优点是强度大、耐张力大、安装弛度小且弛度变化也小,既节省有色金属又降低造价成本。但其缺点为电阻大,导电性能差,一般为非载流承力索。钢承力索不耐腐蚀,使用时需要采用防腐措施。钢承力索常用规格有GJ-100、GJ-80、GJ-70等类型,其中GJ表示钢绞线,数字表示绞线的截面积。我国普速电气化铁路线路多使用钢承力索。

钢承力索易生锈腐蚀、会脱落。为了延长其使用寿命,一般在夏秋季节使用。虽然钢承力索出厂时表面镀了一层锌,但因污染,外表镀锌层很快就会脱落,应涂防腐油脂,一般规定每3~4年涂一次防腐油。涂防腐油时，先用钢丝刷子将钢承力索上的锈和污垢除去，然后用毛刷清扫干净，再涂防腐油，油脂应完全覆盖钢索表面。雨雾天不能涂油，否则影响质量，带来隐患。

(2) 铜承力索。

铜承力索导电性能较好，可作为牵引电流的通道之一，与接触线并联供电。但铜承力索不能承受较大的张力，温度变化时弛度变化大。铜承力索规格型号有TJ-95、TJ-120等几种。其中，TJ表示铜绞线，数字表示截面积。铜承力索型号规格见表2-1。

铜承力索型号规格　　　　　　　　　　　　　表2-1

| 型号 | 截面积（$mm^2$） | 股数与单股直径（mm） | 计算直径（mm） | 有效电阻（$\Omega/km$） | 单位质量（kg/km） | 制造长度（km） |
|---|---|---|---|---|---|---|
| TJ-70 | 70 | 19×2.14 | 10.6 | 0.28 | 618 | 1500 |
| TJ-95 | 95 | 19×2.49 | 12.4 | 0.20 | 837 | 1200 |
| TJ-120 | 120 | 19×2.80 | 14.0 | 0.158 | 1058 | 1000 |
| TJ-150 | 150 | 19×3.15 | 15.8 | 0.123 | 1388 | 800 |

(3) 铜合金承力索。

铜合金承力索电阻系数低，耐磨性能好，机械强度大，抗腐蚀性能好，降低了压损和能耗，可作为牵引电流的通道之一，与接触线并联供电，提高接触网供电能力。我国高速铁路接触网广泛使用铜合金承力索。

## 知识拓展

以中国铁路济南局集团有限公司管内线路为例，接触网线材规格及张力见表2-2。

接触网线材规格及张力　　　　　　　　　　　表2-2

| 铁路线路 | 类型 | 名称 | 规格 | 额定张力（kN） |
|---|---|---|---|---|
| 高速铁路接触网 | 正线承力索 | 高强度铜镁合金绞线 | JTMH120 | 21 |
| | 正线接触线 | 高强度铜锡合金电车线 | CTSH150 | 30 |
| 普速铁路接触网 | 正线承力索 | 高强度铜镁合金绞线 | JTMH95 | 15 |
| | 正线接触线 | 高强度铜银合金电车线 | CTAH120 | 15 |

## 四、吊弦

接触网吊弦

吊弦是接触网链形悬挂中承力索和接触线的连接部件。

1. 吊弦的作用

吊弦的作用包括：通过吊弦线夹，将接触线悬挂到承力索上；通过调节吊弦的长短来保证接触悬挂的结构高度、接触线的弛度、接触线距轨面的高度以及线岔处的水平、抬高,改善接触悬挂的弹性,调整接触线的弛度,保证接触线与受电弓良好接触,提高电力机车受电弓取流质量。正常情况下,吊弦不应有电流通过,如发现吊弦有温升、发红或烧伤的现象,说明该段接触网导流有问题。

2. 吊弦的类型

吊弦一般分为环节吊弦、弹性吊弦、滑动吊弦和整体吊弦四种。

(1) 环节吊弦。

环节吊弦采用直径4.0mm的镀锌铁线制成,根据吊弦在跨距中所处位置及悬挂结构高度的不同,可由两节或三节连在一起,其结构形式如图2-14所示。环节吊弦最下面的一节应预留穿过安装在接触线上的吊弦线夹后回头的长度(约300mm)。

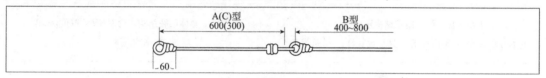

图2-14 环节吊弦结构形式(尺寸单位:mm)

(2) 弹性吊弦。

弹性吊弦安装在支柱定位点处。它是由一根长约15m的GJ-10(7股)镀锌钢绞线制成的辅助绳和一根(或两根)环节吊弦组合而成的,如图2-15所示。

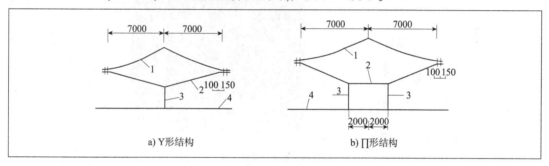

图2-15 弹性吊弦安设示意图(尺寸单位:mm)
1-承力索;2-辅助线;3-环节吊弦;4-接触线

由辅助绳和一根环节吊弦组成的弹性吊弦多用于正定位处,称为Y形弹性吊弦。由辅助绳和两根环节吊弦组成的弹性吊弦多用于反定位、软横跨定位等处,称为∏形弹性吊弦。

采用弹性吊弦,有利于消除定位点处接触线的硬点,改善定位处悬挂的弹性。

(3) 滑动吊弦。

当安装环节吊弦在极限温度下偏移超过允许范围时,要采用滑动吊弦。滑动吊弦一般用于隧道内接触悬挂。滑动吊弦结构示意图如图2-16所示。

(4) 整体吊弦。

整体吊弦用于在全补偿链形接触悬挂中悬吊接触线。整体吊弦由铜绞线、C形线(承力索)夹、J形线(接触线)夹组成,其结构示意图如图2-17所示。载流式整体吊弦如图2-18所示。整体吊弦是将铜绞线和C形线夹、J形线夹通过压接机压接在一起的。

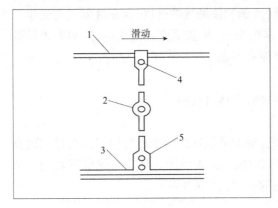

图 2-16 滑动吊弦结构示意图
1-承力索;2-吊弦;3-接触线;4-夹环及长环;5-吊弦线夹

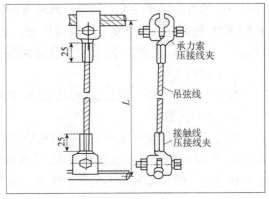

图 2-17 整体吊弦结构示意图(尺寸单位:mm)
L-结构高度

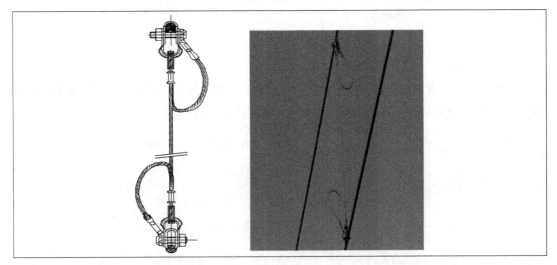

图 2-18 载流式整体吊弦

### 知识拓展

(1)铜合金整体吊弦一般采用截面积为 $10mm^2$,带心形导流环的载流式、可调节整体吊弦。

(2)整体吊弦的下料、测量、制作宜工厂化,采用整体吊弦制作专用平台,压接应采用恒压力控制的接触网液压压力机。整体吊弦的制作长度误差不超过 ±1.5mm。

(3)整体吊弦的吊弦线夹螺栓穿向一致,由田野侧穿向线路侧。整体吊弦载流环能够调节吊弦长度并增强导电能力。

(4)整体吊弦的安装位置测量应从悬挂点向跨中进行,偏差应积累在跨中,最大偏差不得超过 ±50mm;吊弦应竖直安装,顺线路方向允许偏斜不得超过 20mm。吊弦顺线路方向的安装位置误差为 ±100mm。

3. 吊弦的布置

(1)单链形悬挂吊弦布置如图 2-19 所示。

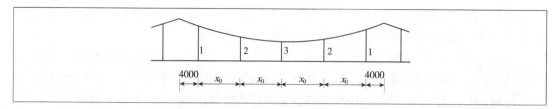

图 2-19 单链形悬挂吊弦布置(尺寸单位:mm)

$x_0$-跨中吊弦平均间距

第一根吊弦距悬挂点的距离为 4m,跨中吊弦均匀布置,间距一般为 8~12m。吊弦数量根据跨距长度从设计吊弦选用表中查得,见表 2-3。

单链形悬挂吊弦类型及数量选用表  表 2-3

| 跨距(m) | 35~39 | | 40~49 | | | 50~59 | | | 60~65 | | | |
|---|---|---|---|---|---|---|---|---|---|---|---|---|
| 吊弦编号 | 1 | 2 | 1 | 2 | 3 | 1 | 2 | 3 | 1 | 2 | 3 | 4 |
| 类型及数量 | Ⅰ×4 | | Ⅰ×4 | | Ⅲ×1 | Ⅱ×2 | | Ⅱ×4 | Ⅰ×2 | Ⅱ×4 | | Ⅲ×1 |

(2)弹性链形悬挂吊弦布置如图 2-20 所示。

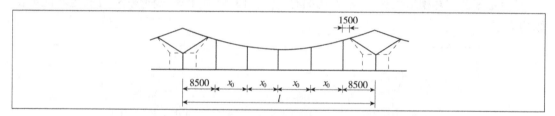

图 2-20 弹性链形悬挂吊弦布置(尺寸单位:mm)

$x_0$-吊弦间距;$l$-跨距长度

第一根吊弦至悬挂点为 8.5m,跨距中吊弦布置与单链形悬挂相同,见表 2-4。

弹性链形悬挂吊弦类型及数量选用表($h$ 为结构高度)  表 2-4

| 跨距(m) | | 35~39 | | 40~49 | | 50~59 | | | 60~65 | | |
|---|---|---|---|---|---|---|---|---|---|---|---|
| | 编号 | 1 | 2 | 1 | 2 | 1 | 2 | 3 | 1 | 2 | 3 |
| $h=1300$mm | 类型及数量 | Ⅲ×3 | | Ⅲ×4 | | Ⅲ×5 | | | Ⅲ×4 | | Ⅳ×2 |
| $h=1500$mm | 类型及数量 | Ⅲ×3 | | Ⅲ×4 | | Ⅲ×4 | | | Ⅲ×1 | Ⅱ×2 | Ⅲ×4 |
| $h=1700$mm | 类型及数量 | Ⅰ×3 | | Ⅰ×4 | | Ⅰ×2 | Ⅱ×3 | | Ⅰ×2 | Ⅱ×4 | |

## 五、接触网补偿装置

接触网补偿装置又称张力自动补偿器,安装在锚段的两端,并且串接在接触线承力索内,用于线索的补偿下锚。它可以补偿线索内的张力,使张力保持恒定。因为在大气温度发生变化时,接触线或承力索会发生伸长或缩短,从而使线索内张力发生变化,这时就会使接触线或承力索的弛度也发生变化,从而使受流条件恶化。为改变这种情况,一般在一个锚段两端,在接触线及承力索内串接张力自动补偿装置后,再下锚。

接触网补偿装置

接触网补偿装置技术要求:①灵活。在线索内的张力发生缓慢变化时,接触网补偿装置应能及时补偿,传送效率不应小于97%。②具有快速制动作用。一旦发生断线事故或其他异常情况,线索内的张力迅速发生变化,接触网补偿装置应有一种制动功能,防止发生断线事故时,坠砣串落地造成事故扩大、恢复困难。

接触网补偿装置分为滑轮补偿装置和棘轮补偿装置两种。

1. 滑轮补偿装置

(1) 滑轮补偿装置的组成。

我国电气化铁路广泛采用滑轮式补偿装置,它由补偿滑轮(滑轮组)、补偿绳、坠砣、坠砣杆及其他连接零件组成。

①补偿滑轮(滑轮组) 补偿滑轮分为定滑轮和动滑轮(构造相同)。定滑轮改变受力方向,动滑轮除改变受力方向外,还可省力并能移动位置。滑轮一般都装有轴承,其结构如图2-21所示。目前,我国电气化铁路广泛采用铝合金滑轮补偿装置,它由滑轮组、不锈钢丝绳、连接框架及双耳楔形线夹组成,常用的有1:2、1:3和1:4等三种规格,可满足不同补偿张力需求。

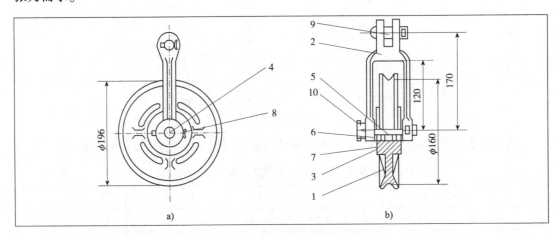

图2-21 补偿滑轮结构(尺寸单位:mm)

1-圆轮;2-框架;3-盖板;4-轴;5-滚动轴承;6-挡环;7-螺钉;8-开口销;9-销钉;10-注油盖子

补偿滑轮结构形式如图2-22所示。滑轮轮体按不同组合要求,备有270mm、205mm、165mm三种直径,材质为铝合金,轮体与轴采用两个滚动轴承连接。

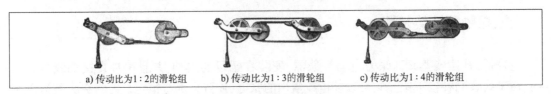

a) 传动比为1:2的滑轮组　　b) 传动比为1:3的滑轮组　　c) 传动比为1:4的滑轮组

图2-22 补偿滑轮结构形式

## 项目二 接触网组成与结构认知

铝合金滑轮补偿装置的主要优点:铝合金滑轮质量轻、强度大、耐腐蚀性能好、轮径大;两个滚动轴承转动平稳、灵活;具有较大的机械强度,较高的传动效率,且质量轻、寿命长。铝合金滑轮补偿装置主要缺点:随着变比的增大,整套装置的体积和质量也明显增加,在空间受限制的隧道等处安装困难。

②补偿绳为不锈钢丝绳,最大工作荷载:1:2 型为 12kN,1:3 型为 18kN,1:4 型为 22kN。

③坠砣是补偿装置的重要组成部分,能够为接触线和承力索提供所需的张力。坠砣一般采用混凝土或灰口铸铁制成,每块重约 25kg,质量误差不大于 3%,呈中间开口的圆饼状(或方形)。铸铁坠砣和混凝土坠砣相比,坠砣串的长度较短,可以获得更大的补偿范围,在锚段长度较长时,能满足补偿坠砣移动范围要求。坠砣块安装时要安放整齐,缺口互成 180°角放置。

④坠砣杆一般由直径 16mm 的圆钢加工制成,上端有单孔焊环,底部焊有托板。坠砣杆的型号规格根据其放置坠砣块数量的不同分为三种:17 型、20 型和 30 型。型号中的数字表示坠砣杆所悬挂坠砣的数量。

(2)滑轮补偿装置的安装。

半补偿时,接触线带滑轮补偿装置,多采用传动比为 1:2 的滑轮组,即坠砣块的重力为接触线标称张力的一半。全补偿时,接触线与承力索两端均带滑轮补偿装置,接触线、承力索一般均采用传动比为 1:3 的滑轮组。采用传动比较大的滑轮组时,坠砣串的块数减少,但坠砣串上升和下降的距离也会按倍数增大,减小了滑轮补偿装置的补偿范围,不利于施工和维修。滑轮补偿装置安装示意图如图 2-23 所示。

为了防止坠砣串在外力作用下摆动侵入行车限界,滑轮补偿装置装设有限界架,在坠砣上加装坠砣抱箍,使坠砣只能沿着坠砣限制导管方向上下移动,但需注意防止坠砣抱箍卡滞限制导管的情况发生。接触线、承力索补偿装置的限界架距轨面连接线的高度分别为 2000mm 和 2400mm。

下锚拉线:为了平衡锚柱承受的线索顺线路方向的张力,在线索受力反方向的田野侧设置下锚拉线,要求拉线与地面夹角小于 60°。拉线的固定有两种方法:一种是埋设锚板固定,一种是混凝土现浇地锚。

在运营线路上,当接触线因磨耗而截面逐渐减小时,坠砣串块数也相应减少,使接触线维持一定的张力,防止出现断线事故。线索的张力是由线索的抗拉断力除以安全系数得到的。铜接触线或铜合金接触线在最大允许磨耗面积 20% 的情况下,其强度安全系数不应小于 2.0,承力索铜绞线或铜合金绞线强度安全系数不应小于 2.0。

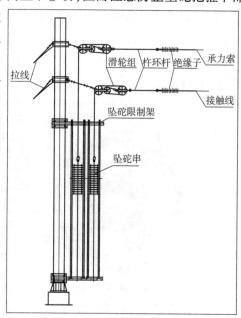

图 2-23 滑轮补偿装置安装示意图

## 知识拓展

**1. $a$、$b$ 值**

$a$ 值：坠砣杆耳环孔中心至补偿滑轮下沿的距离为 $a$ 值。

$b$ 值：坠砣串最下面一块坠砣的底面至地面（或基础面）的距离为 $b$ 值。

接触线和承力索补偿器的 $a$、$b$ 值不相同，且随温度变化而发生变化。

补偿装置靠坠砣串的重力使线索的张力保持平衡，当温度变化时，线索的伸缩使坠砣串上升或下降。当坠砣串下降过多使坠砣串底面接触地面时或上升过多使坠砣杆耳环孔卡在定滑轮槽中时，会使补偿装置失去补偿作用。因此，用 $a$、$b$ 值来限定坠砣串的升降范围。

**2. $a$、$b$ 值技术要求**

在最低温度时，$a$ 值应大于 0；在最高温度时，$b$ 值应大于 0；在工作状态下，$a$、$b$ 值最小值不少于 200mm；在进行接触网设计时，$a$、$b$ 值不小于 300mm。

**3. 检修标准**

（1）滑轮补偿装置安装正确，本体无裂纹、变形，转动灵活无卡滞（人力用手托动坠砣能上下自由移动）。

（2）对需要加注润滑油的补偿滑轮，应按产品规定的期限加注润滑油，没有规定者至少 3 年加注 1 次。

（3）下锚角钢安装水平。定滑轮应保持铅垂状态，动滑轮偏转角度不得大于 45°。

（4）同一补偿装置的两个补偿滑轮的间距在任何情况下不小于 500mm。

**2. 棘轮补偿装置**

棘轮补偿装置的棘轮与其他工作轮共为一体，没有连接复杂的滑轮组，安装空间比滑轮补偿装置小很多，可以解决空间受限时的补偿问题。棘轮补偿装置实物图、外形及结构如图 2-24、图 2-25 所示。棘轮本体大轮直径为 566mm，小轮直径为 170mm，传动比为 1:3，补偿绳为柔性不锈钢丝绳。

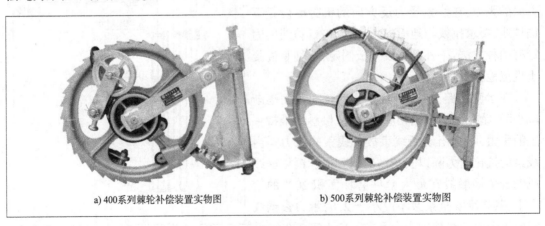

a) 400系列棘轮补偿装置实物图　　　　b) 500系列棘轮补偿装置实物图

图 2-24　棘轮补偿装置实物图

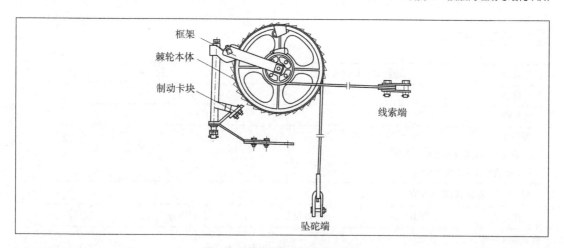

图 2-25 棘轮补偿装置外形及结构

棘轮补偿装置具有断线制动功能,在正常工作状态下,棘齿与制动卡块之间有一定间隙,棘轮可以自由转动;当线索断裂后,棘轮和坠砣在重力作用下下落,棘轮卡在制动卡块上,从而可以有效地缩小事故范围,防止坠砣下落侵入限界。

棘轮补偿装置具有转动灵活、传动效率高、防腐性能好、使用寿命长等优点,但价格较高。棘轮补偿装置广泛用于高速铁路接触网线路。

## 任务实施

| 任务名称 | 接触网悬挂装置认知 | | 工单号 | |
|---|---|---|---|---|
| 姓名 | | | 学号 | |
| 班级 | | | 日期 | |
| 操作任务： (1)绘制全补偿链形悬挂示意图。 (2)补偿装置 $a$、$b$ 值的测量 | | | | |
| 操作中存在的问题及解决方法： | | | | |
| 项目 | 赋分 | 自评得分 | 互评得分 | 教师评分 |
| 知识理解正确 | 20 | | | |
| 处理方法得当 | 20 | | | |
| 表达清晰准确 | 20 | | | |
| 实施结果正确 | 40 | | | |
| 综合得分(自评得分10%,互评得分30%,教师评分60%) | | | | |

## 任务考核

### 一、填空题

1. 吊弦一般是均匀布置跨中，吊弦间距规定为_____m。
2. 补偿装置的坠砣块每块约重_____。
3. 弹性吊弦一般有_____和_____等类型。

### 二、选择题

1. 坠砣一般采用混凝土或灰口铸铁制成,每块重约( )kg。
   A.10　　　　B.15　　　　C.20　　　　D.25
2. 棘轮补偿装置的传动比为( )。
   A.1:1　　　　B.1:2　　　　C.1:3　　　　D.1:4

### 三、判断题

1. 单链形悬挂是由一根接触线直接固定在支柱支持装置上的悬挂形式。　( )
2. 接触线两端设张力补偿装置,承力索两端为硬锚的补偿方式称为未补偿链形悬挂。
　( )
3. 整体吊弦的吊弦线夹螺栓穿向一致,由田野侧穿向线路侧。　( )

### 四、简答题

1. 接触悬挂按照线索锚定方式可以分为哪几种类型?
2. 接触悬挂按照线索相对位置可以分为哪几种类型?
3. 常见的接触线有哪几种?
4. 简述接触线型号的含义：TCG-120、GLCA$\frac{100}{215}$、CTAH-150。

5. 简述吊弦的作用和分类、整体吊弦的优点。
6. 补偿装置的作用是什么？常见的补偿装置有哪几种类型？
7. 滑轮补偿装置由哪几部分组成？什么是滑轮补偿装置的传动比？
8. 棘轮补偿装置的优点有哪些？
9. 常见的坠砣有哪两种？对坠砣有什么技术要求？
10. 什么是补偿装置的 $a$、$b$ 值？

### 五、训练题
1. 绘制接触网组成示意图，并标出各部分名称。
2. 进行演练场某锚柱处 $a$、$b$ 值测量训练。

### 六、思考题
党的二十大将"交通强国"作为我国经济社会发展的重大战略进行决策部署。请结合国家"交通强国"战略，谈一谈安全在铁路运输中的重要性。

# 任务二 接触网定位装置认知

## 任务单

| 任务名称 | 接触网定位装置认知 | 工单号 | |
|---|---|---|---|
| 姓名 | | 学号 | |
| 班级 | | 日期 | |
| 拟完成工作任务：<br>(1)接触网定位装置的作用及结构认知。<br>(2)接触网定位方式分类及用途认知。<br>(3)拉出值的调整 | | | |
| 学习重点：接触网定位方式、拉出值的调整 | | | |
| 学习难点：拉出值的调整 | | | |
| 教学所需设备：接触网模拟仿真沙盘、牵引供电系统仿真软件、接触网演练场、激光测量仪 | | | |

## 知识学习

激光测量仪的使用

为了使电力机车受电弓滑板在运行中与接触线良好接触取流，需对接触线按受电弓的运行要求进行定位，对接触线进行定位的装置称为定位装置。

定位装置的主要作用：使接触线始终在受电弓滑板的工作范围内，并且使接触线对受电弓的磨耗均匀，将接触线所产生的水平力传递给腕臂。

定位装置组成及作用

定位装置对接触悬挂的工作性能及电力机车受电弓的工作状态有很大影响，因此，对定位装置的要求是：

(1)定位装置应保证将接触线固定在要求的位置上。

(2)当温度变化时，定位管不影响接触线沿线路方向的移动。

(3)定位点弹性良好，当电力机车受电弓通过时，能使接触线均匀升高，不形成硬点，且不能与该装置发生碰撞。

### 一、定位装置的结构

定位装置是由定位管、定位环、定位器、定位线夹等组成的。根据支柱设立位置的不同，定位装置的结构也有所不同。

1.定位管

定位管的作用是固定定位器并且使其在水平方向上便于调节。定位管由镀锌钢管或铝合金管加工制成,一端通过双耳套筒与斜腕臂上的定位环连接,另一端通过定位支座连接定位器来固定接触线。定位管应与腕臂安装在同一垂面内,一般情况下呈水平状态。正定位允许抬头,反定位允许低头,但坡度不得大于150mm/m。定位管实物图如图2-26所示。

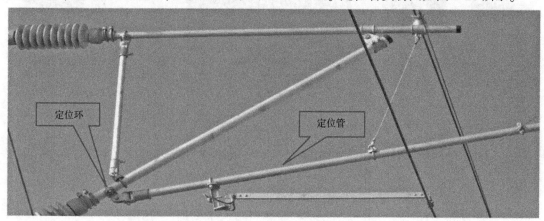

图2-26 定位管实物图

2. 定位环

定位环用在斜腕臂上连接定位管。铝合金定位环有55型和70型。定位环实物图如图2-27所示。

3. 定位器

定位器的作用是将接触线按要求横向固定到一定位置上。定位器分为限位定位器和特型(非限位)定位器,如图2-28所示。限位定位器连接定位线夹固定接触线,并起到一定的限位作用;特型(非限位)定位器用在转换支柱上或隧道内,连接定位线夹固定接触线。

图2-27 定位环实物图

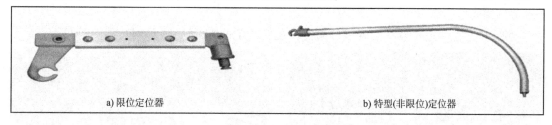

a) 限位定位器　　　　　　　　b) 特型(非限位)定位器

图2-28 定位器实物图

4. 定位线夹

定位线夹安装在定位器或锚支(非工作支)定位管上,用于固定接触线。定位线夹分有销型定位线夹和无销型定位线夹两种。定位线夹实物图如图2-29所示。

## 二、定位装置的定位方式

定位装置根据支柱所在位置的不同及受力情况,采用不同的定位方式,一般有正定位、反定位、软定位及双定位。高铁定位装置示意图如图2-30所示。

接触网定位方式

a) 有销型定位线夹　　　　　　　b) 无销型定位线夹　　　　　　　c) 定位线夹安装图

图 2-29　定位线夹实物图

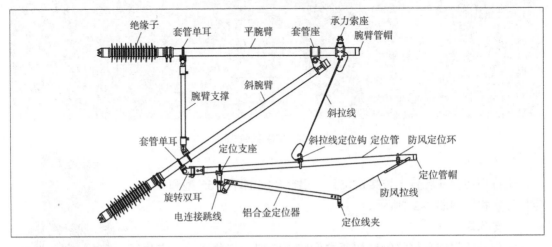

图 2-30　高铁定位装置示意图

**1. 正定位**

通过定位管和定位器将接触线拉向支柱侧的定位方式称为正定位,如图 2-31 所示。

**2. 反定位**

通过定位管和定位器将接触线拉向支柱反侧的定位方式称为反定位,如图 2-32 所示。

 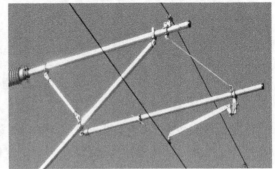

图 2-31　正定位　　　　　　　　　　　　　　图 2-32　反定位

**3. 软定位**

通过镀锌铁线和特型定位器将接触线定位的方式称为软定位。软定位用于小半径曲线(一般 $R<1000$m)外侧的支柱,只能承受拉力,不能承受压力,如图 2-33 所示。

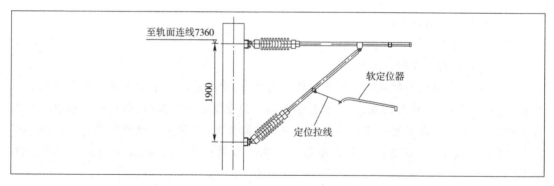

图 2-33 软定位(尺寸单位:mm)

### 4. 双定位

双定位是指两根接触线需要在同一支柱上分别固定在要求的位置上,主要用于锚段关节中的转换柱、中心柱和道岔柱,如图 2-34、图 2-35 所示。

图 2-34 转换柱、中心柱双定位

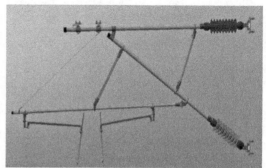

图 2-35 道岔柱双定位

## 三、定位装置的拉出值

### 1. 拉出值的定义

在定位点处接触线至电力机车受电弓滑板中心有一个距离,这个距离在直线区段叫作"之"字值,在曲线区段叫作拉出值。高速铁路接触网直线区段接触线的"之"字值一般取 200~300mm,曲线区段拉出值适当加大。

### 2. 拉出值的作用

拉出值的作用是使受电弓滑板磨耗均匀,使接触线不超出受电弓的工作范围,以免发生脱弓和刮弓事故。

接触网拉出值

### 知识拓展

在曲线区段,为解决列车在圆周运动中产生的离心力问题,将曲线外轨抬高,称为外轨超高。外轨超高值由线路上列车可能通过的最大速度和线路曲线半径确定。

$$h = \frac{11.8 v_{\max}^2}{R} \tag{2-2}$$

式中：$h$——外轨超高，mm；
  $R$——线路曲线半径，m；
  $v_{max}$——最大行车速度，km/h。

在曲线上，外轨超高使电力机车向内轨方向倾斜，受电弓滑板中心线与线路中心线有一偏移值（用 $c$ 表示）。接触网施工中，在对接触线按拉出值进行定位时，需要以线路中心为依据。所以，首先应计算出滑板中心偏移线路中心的距离后，再确定接触线定位点距线路中心的距离（用 $m$ 表示）。曲线区段外轨超高对受电弓位置的影响与 $a$、$m$、$c$ 的关系如图 2-36 所示。

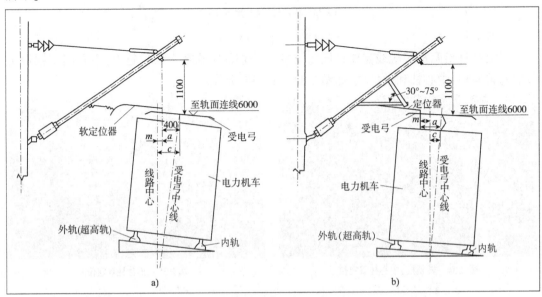

图 2-36 曲线区段外轨超高对受电弓位置的影响及 $a$、$m$、$c$ 的关系（尺寸单位：mm）

(1) $c$ 值计算：

$$c = \frac{hH}{L} \tag{2-3}$$

式中：$c$——线路中心线距受电弓中心的偏移值，mm；
  $h$——外轨超高，mm；
  $H$——接触线到轨面高度，mm；
  $L$——两轨条中心之间的距离，mm，一般取 1500mm。

(2) $m$ 值计算：

$$m = a - c \tag{2-4}$$

式中：$m$——定位点处接触线距线路中心的距离，mm；
  $a$——定位点处接触线距滑板中心的水平距离（拉出值），mm。

当 $m$ 值为正时，说明接触线的位置在线路中心至外轨间；当 $m$ 值为负时，说明接触线位置在线路中心至内轨间。

(3) 轨距：我国的铁路直线区段轨距为 1435mm，称为标准轨距。在曲线上考虑电力机车车辆转弯,轨距需加宽,曲线半径越小,轨距越大。曲线区段轨距见表2-5。

曲线区段轨距　　　　　　　　　　　表2-5

| 曲线半径 $R$(m) | 651以上或直线 | 650~451 | 450~351 | 350以下 |
|---|---|---|---|---|
| 轨距 $L$(mm) | 1435 | 1440 | 1445 | 1450 |

3. 拉出值的检调

(1)确定计算条件。$a$ 值为设计标准值,$c$ 值可以通过式(2-4)计算。

(2)计算标准 $m$ 值($m_{标}$)。

$$m_{标} = a - c \tag{2-5}$$

(3)计算 $\Delta m$。

$$\Delta m = m_{标} - m_{实} \tag{2-6}$$

式中:$\Delta m$——定位点实际位置和标准位置的差值,mm。

检调时,将定位点向曲线外侧移动,称为拉;将定位点向曲线的内侧移动,称为放。当 $\Delta m$ 为正值时,需要将定位点向曲线外拉 $|\Delta m|$,当 $\Delta m$ 为负值时,需要将定位点向曲线内放 $|\Delta m|$,现场简称"正拉、负放、零不动"。(注:$|\Delta m|$ 小于30mm时,可以不检调)

在检调过程中,注意 $m_{实}$、$m_{标}$ 的符号。当接触线定位点投影在线路中心线与外轨间时,$m$ 为正值;当接触线定位点投影在线路中心线与内轨间时,$m$ 为负值。代入式(2-4)计算时,要带符号进行运算。

【案例】某区间接触网定位点处接触线到轨面高度(导高)$H$ = 6000mm,所处区段为曲线。已知:曲线半径 $R$ = 600m,外轨超高为 $h$ = 60mm,设计拉出值 $a$ = 400mm。试求:①该定位处接触线的位置。②若现场实测该定位处接触线投影在线路中心线和外轨间,距线路中心线的距离为100mm,是否应该调整?

解　求定位点处接触线的位置就是求该处接触线相对线路中心线的位置,也就是求 $m_{标}$ 的值。

①已知:$H$ = 6000mm,$R$ = 600m,$h$ = 60mm,$a$ = 400mm。根据 $R$ 查表2-5得 $L$ = 1440mm,则

$$c = \frac{hH}{L} = \frac{60 \times 6000}{1440} = 250 \text{mm}$$

由式(2-5)得

$$m_{标} = a - c = 400 - 250 = 150 \text{mm}$$

即该定位点处接触线的位置应在中心线至外轨之间且距中心线距离为150mm处。

②现场实际定位处接触线投影在线路中心线和外轨间且线路中心线为100mm,即 $m_{实}$ = 100mm。

$$\Delta m = m_{标} - m_{实} = 150 - 100 = 50 \text{mm}$$

所以应使定位处接触线位置向外轨侧拉50mm,才能符合设计定位要求。

## 任务实施

| 任务名称 | 接触网定位装置认知 | 工单号 | |
|---|---|---|---|
| 姓名 | | 学号 | |
| 班级 | | 日期 | |

操作任务：
(1)使用激光测量仪进行某支柱拉出值测量。
(2)接触网拉出值调整计算。

操作中存在的问题及解决方法：

| 项目 | 赋分 | 自评得分 | 互评得分 | 教师评分 |
|---|---|---|---|---|
| 知识理解正确 | 20 | | | |
| 处理方法得当 | 20 | | | |
| 表达清晰准确 | 20 | | | |
| 实施结果正确 | 40 | | | |

综合得分(自评得分10%，互评得分30%，教师评分60%)

## 任务考核

### 一、填空题

1. 高速铁路接触网直线区段接触线的"之"字值一般取_____mm。
2. 接触线拉出值允许施工偏差为_____mm。

### 二、选择题

1. 通过镀锌铁线和特型定位器将接触线定位的方式称为(　　)。
   A. 正定位　　　B. 反定位　　　C. 软定位　　　D. 双定位
2. 我国的铁路直线区段标准轨距为(　　)mm。
   A. 小于1435　　B. 1435　　　C. 大于1435　　D. 1450

### 三、简答题

1. 定位装置由哪些部分组成？其作用是什么？
2. 定位器的作用是什么？常见的定位器有哪几种？
3. 常见的定位方式有哪些？各用于什么场合？
4. 接触线为什么要设"之"字值或拉出值？有何技术要求？
5. 在曲线处接触线定位时，$a$、$m$、$c$ 各表示什么含义？$m$ 的正负表示什么含义？

### 四、计算题

已知：某支柱定位点接触线高度为6000mm，所处曲线半径为350m，设计拉出值为400mm，外轨超高30mm，两条轨中心距为1440mm。试计算该定位点接触线距线路中心的距离。若实际测量定位点投影在线路中心与外轨之间距线路中心200mm，要不要调整，如何调整？

### 五、训练题

使用激光测量仪对接触网演练场某道岔支柱进行拉出值测量，比较正定位、反定位拉出值测量的不同。

# 任务三　接触网支持装置认知

## 任务单

| 任务名称 | 接触网支持装置认知 | 工单号 | |
|---|---|---|---|
| 姓名 | | 学号 | |
| 班级 | | 日期 | |
| 拟完成工作任务：<br>(1)接触网腕臂、横跨、隧道等支持装置作用及结构认知。<br>(2)支持装置的装配及影响参数认知。<br>(3)接触网绝缘子的分类及作用认知 | | | |
| 学习重点：影响支持装置装配的主要参数、腕臂地面预配 | | | |
| 学习难点：腕臂、横跨、隧道等支持装置装配 | | | |
| 教学所需设备：接触网模拟仿真沙盘、牵引供电系统仿真软件、接触网演练场、激光测量仪 | | | |

## 知识学习

接触网支持装置是接触网中支持接触悬挂,并将其机械负荷传给支柱固定部分的装置。按照安装位置的不同,接触网支持装置分为腕臂支持装置、软硬横跨支持装置、隧道内支持装置。

### 一、影响支持装置装配的主要参数

1. 导高

导高是接触线悬挂点高度的简称,是指接触线无弛度时,定位点处(或悬挂点处)接触线距轨面的垂直高度,一般用 $H$ 表示。

接触线的最高高度是根据受电弓的最大工作高度确定的。高速铁路的接触线高度一般取5300mm,接触线最低点高度为5150mm。双层集装箱高速铁路的接触线最高高度应不大于6450mm,最低高度应不小于6330mm;普速铁路的接触线最高高度应不大于6450mm,最低高度应不小于5700mm。

2. 支柱侧面限界

支柱侧面限界是指轨平面处,支柱内缘至线路中心的距离,一般用 $cx$ 表示。

电气化铁路接触网是沿铁路架设的,接触网支柱的安装必须符合相关标准的要求。为了确保行车安全,要求接触网支柱及其他电气装置的建筑不得侵入相关标准规定的铁路建筑限界。为了安全起见,支柱侧面限界的设计取值应比建筑限界规定值大。

3. 结构高度

链形悬挂的结构高度是指接触网悬挂点处承力索和接触线的铅垂距离,用符号 $h$ 表示。

在确定一个技术经济合理的结构高度时,一般应考虑以下四个方面的因素:
(1)最短吊弦长度不要过短,在极限温度时,其顺线路方向的偏角不超过30°。
(2)在条件允许时,尽可能降低支柱高度。
(3)选择适当的悬挂类型,全补偿比半补偿的结构高度低。
(4)便于调整和维修。

## 二、腕臂支持装置

腕臂作用及分类

腕臂安装在支柱上部,一般使用圆形钢管或用槽钢、角钢加工制成,用以支持接触悬挂,并起传递负荷的作用。我国目前电气化铁路一般采用的腕臂支持装置,从结构上分为平腕臂+斜腕臂结构和整体腕臂结构;从材质上可分为钢腕臂和铝合金腕臂。

腕臂支柱根据使用处所和功能要求,分为中间柱、绝缘(非绝缘)转换柱、中心柱、道岔柱和定位柱等腕臂装配结构。

1. 中间柱装配

在中间柱上只安装一组腕臂,悬吊一支接触悬挂,并把承力索和接触线定位在所要求的位置上,这种支持装置称为中间柱支持装置。区间中,除锚段关节处的支柱外,其余均为中间柱。所以中间柱支持装置是用量最大的支持结构形式。在线路的直线区段,支柱一般立于线路的同一侧,但是接触线需要按"之"字形布置,其"之"字值一般在支柱点处变换符号,所以定位为一正一反。

中间柱的各种定位形式如图2-37~图2-40所示。

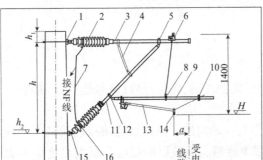

图2-37 直线区段中间柱正定位装配图(尺寸单位:mm)
1-单上底座;2-棒式绝缘子;3-平腕臂;4-腕臂支撑;5-套管双耳;6-承力索座;7-接地跳线;8-定位管上定位钩悬吊拉线;9-定位管;10-防风拉线;11-斜腕臂;12-定位环;13-组合定位器;14-定位线夹;15-单下底座;16-跳线卡箍;cx-侧面限界;a-拉出值;h-腕臂底座间距;H-导高

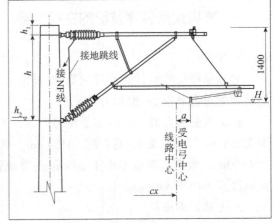

图2-38 直线区段中间柱反定位装配形式(尺寸单位:mm)
a-拉出值;h-腕臂底座间距;H-导高;cx-侧面限界

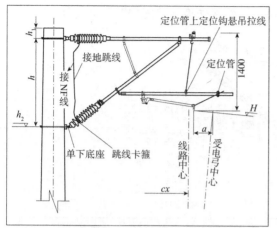 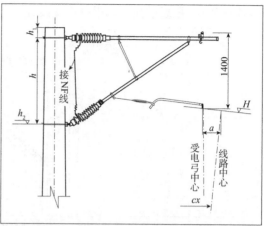

图 2-39 大半径曲外中间柱装配形式(尺寸单位:mm)
a-拉出值;h-腕臂底座间距;H-导高;cx-侧面限界

图 2-40 大半径曲内中间柱装配形式(尺寸单位:mm)
a-拉出值;h-腕臂底座间距;H-导高;cx-侧面限界

### 2. 绝缘转换柱装配

以四跨绝缘锚段关节为例,有两个转换柱,各悬吊两支接触悬挂(一支为工作支,另一支为非工作支)。工作支的接触线与受电弓接触;非工作支的接触线抬高约500mm,不与受电弓接触,通过转换柱拉向锚柱抬高下锚。两支悬挂的接触线在平面图上平行,空气间隙为500mm,电气上能互相分开。转换柱上设有一个隔离开关,以实现相衔接的两个锚段在电气上连接或断开。绝缘转换柱装配如图 2-41 所示。

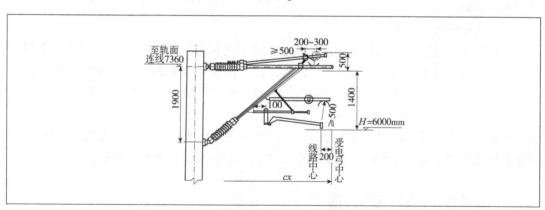

图 2-41 绝缘转换柱装配(尺寸单位:mm)
cx-侧面限界;H-导高

绝缘转换柱的装配应能满足被衔接的两个锚段在电气上互相绝缘,所以工作支和非工作支的接触线之间、承力索之间在垂直方向和水平方向的投影都必须保持500mm的绝缘距离,以保证在风力作用下以及在导线振动、摆动的情况下,均不小于最小的绝缘空气间隙。

### 3. 非绝缘转换柱装配

对于三跨非绝缘锚段关节,中间的两根支柱称为转换柱,各悬吊两支接触悬挂,其中一支为工作支,另一支为非工作支。工作支的接触线与受电弓接触;非工作支的接触线抬高约200mm,不与受电弓接触,通过转换柱拉向锚柱,抬高下锚。因此,转换柱需要安装两组定位器。两支接触悬挂的接触线在平面上平行,水平距离保持100mm。两支接触悬挂在电气上是连通的,在靠近锚柱一侧用电连接线连接起来。非绝缘转换柱装配如图2-42所示。

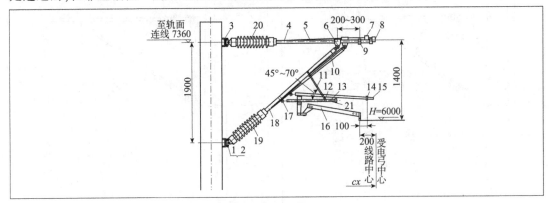

图2-42 非绝缘转换柱装配(尺寸单位:mm)

1-双底座槽钢;2-旋转腕臂底座;3-双底管底座;4、5-腕臂;6-套管双耳;7、9-承力索座;8、21-管帽;10、18-支撑腕臂;11-定位管支撑;12-定位管卡子;13、15-定位管;14-长支持器;16-限位定位器;17-定位环;19、20-棒式绝缘子;cx-侧面限界;H-导高

#### 4. 中心柱装配

位于四跨绝缘锚段关节的两转换柱之间的支柱,称为中心柱。在中心柱上同样要安装两套支持装置,悬吊的两支接触悬挂均为工作支,两根接触线等高、平行,空气间隙为500mm,电气上能互相分开。受电弓通过时,同时接触两根接触线,使之平稳过渡。两支悬挂的接触线在中心柱两侧均经转换柱向锚支柱下锚。中心柱其他电气方面的绝缘要求与绝缘转换柱相同。

#### 5. 道岔柱和定位柱装配

在站场道岔处按技术要求设立道岔柱,该定位点处两接触线均为工作支,根据接触线位置及拉出值方向的不同,道岔柱有L型、Y型和LY型三种装配结构,如图2-43所示。其中,图2-43a)所示为拉型结构,即L型道岔柱装配,其两条接触线的拉出值方向为拉向支柱,定位管呈受拉状态;图2-43b)所示为压型结构,即Y型道岔柱装配,图中两条接触线拉出值方向为支柱的对侧,定位管呈受压状态;图2-43c)所示为拉压型结构,即LY型道岔柱装配,即两条接触线在道岔定位处的拉出值方向相反,主定位管一端受拉而另一端受压。

### 三、软横跨、硬横跨支持装置

站场或多线路并行地段,接触网不能采用单线路腕臂的架设方式,否则站场中支柱过多会影响行车及车站工作人员瞭望信号;股道间距较小难以满足设立支柱要求,所以多采用软横跨或硬横跨形式。

软横跨和硬横跨

多股道接触悬挂通过横向线索悬挂在线路两侧的支柱上的装配方式称为软横跨。接触悬挂通过金属桁架架设在线路两侧支柱顶上的装配方式称为硬横跨。

#### 1. 软横跨

软横跨由站场线路两侧支柱和悬挂在支柱上的横向承力索、上下部固定绳、直吊弦、斜拉线、定位器以及连接悬吊零件等组成。软横跨结构示意图如图 2-44 所示。

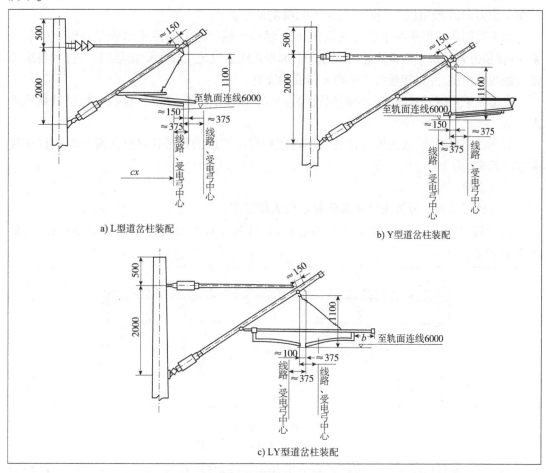

图 2-43 平腕臂道岔柱装配图(尺寸单位：mm)
$cx$-侧面限界；$b$-定位器支撑安装位置

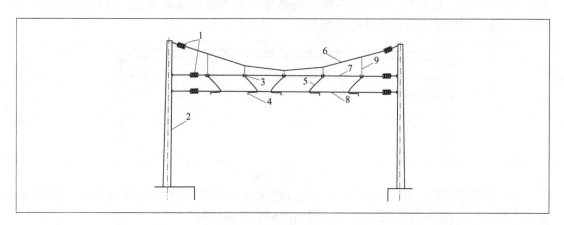

图 2-44 软横跨结构示意图
1-绝缘子；2-支柱；3-承力索；4-定位器；5-斜拉线；6-横向承力索；7-上部固定绳；8-下部固定绳；9-直吊弦

横向承力索是软横跨的主要构件,承受各股道纵向接触悬挂的全部垂直负载。横向承力索根据荷载质量可分为单横向承力索和双横向承力索。一般5股道及以下接触悬挂采用单横向承力索,5股道以上接触悬挂采用双横向承力索。

上下部固定绳用来在水平方向固定承力索和接触线。上部固定绳固定各股道的承力索,并将承力索的水平荷载传递给支柱。下部固定绳通过定位器固定接触线,按技术要求调整接触线拉出值,并将接触线水平荷载传递给支柱。

直吊弦采用镀锌铁线或不锈钢软绞线连接悬吊承力索和上部固定绳,承担接触悬挂垂直荷载。

上下部固定绳间,通过镀锌铁线或不锈钢软绞线拧成的斜吊弦将悬吊滑轮与定位环线夹连接起来。

2. 硬横跨

硬横跨从结构上分为吊柱硬横跨和定位索硬横跨。

(1)吊柱硬横跨主要由硬横梁和吊柱组成,接触悬挂通过腕臂装置固定在吊柱上,如图2-45所示。

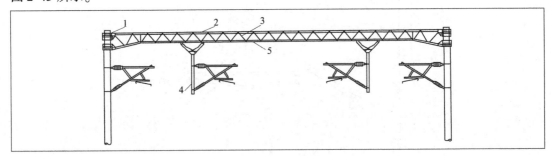

图2-45 吊柱硬横跨
1-抱箍;2-上弦杆;3-斜腹杆;4-吊柱;5-下弦杆

(2)定位索硬横跨主要由硬横梁和上下部定位绳组成,如图2-46所示。其中,硬横梁一般使用格构式结构,主要有由角钢制成的矩形(截面为矩形)格构式硬横梁和由无缝钢管制成的三角形(截面为三角形)格构式硬横梁。为方便运输和安装,常将其分为2~3段,段与段之间通过法兰盘和螺栓连接。

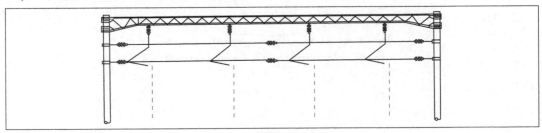

图2-46 定位索硬横跨

定位索硬横跨的优点:结构稳定,具有较强的抗振性能和抗风性能;机械独立性强,各股悬挂不相互影响;结构简化,整洁美观,模块化结构,互换性强。

定位索硬横跨的缺点:投资较大,结构较笨重,钢结构防锈成本高,横向跨距不宜过大

(一般不超过5股道)。

### 四、隧道内支持装置

隧道内接触悬挂是接触网结构的重要组成部分。隧道内接触悬挂的结构高度受到隧道净空的限制,所以要根据不同隧道断面来选择悬挂类型和支持装置结构。隧道内支持装置主要有弓形腕臂和吊柱腕臂,其安装示意图如图2-47所示。

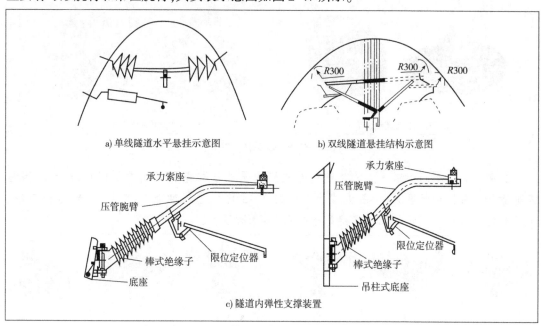

图2-47 隧道内支持装置安装示意图(尺寸单位:mm)

### 知识拓展

绝缘子是接触悬挂的主要部件之一,用于电气绝缘以隔离带电体和非带电体,使接触悬挂对地保持电气绝缘。绝缘子在接触悬挂中不仅起电气绝缘的作用,而且承受一定的机械负荷。因此,要求绝缘子不仅有一定的电气绝缘性能,而且有一定的机械强度。

1. 绝缘子的分类及构造

绝缘子按材质分为有机绝缘子和无机绝缘子,按绝缘子表面长度分为普通型和防污型两类,按结构分为悬式绝缘子、针式绝缘子和棒式绝缘子三类。

接触网绝缘子

(1) 悬式绝缘子。

悬式绝缘子常用在线索下锚处,如拉杆、软横跨、隧道内、馈电线、并联线、捷接线、锚段关节等处,它由数个连接在一起的绝缘子串组成,以保证对地有足够的绝缘距离。悬式绝缘子按材质可分为瓷悬式绝缘子和钢化玻璃悬式绝缘子两类。

①瓷悬式绝缘子。瓷悬式绝缘子根据连接件形状分为普通型瓷悬式绝缘子、钟罩形瓷

悬式绝缘子、草帽形瓷悬式绝缘子、伞形瓷悬式绝缘子,如图2-48所示。

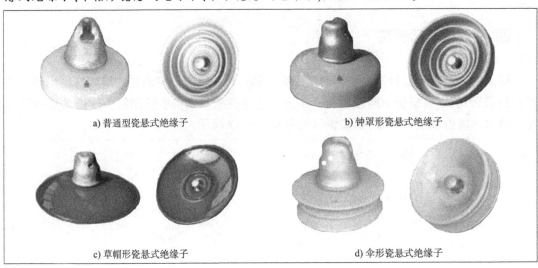

图2-48　瓷悬式绝缘子类型

②钢化玻璃悬式绝缘子。钢化玻璃悬式绝缘子外形和瓷悬式绝缘子相同,钢化玻璃悬式绝缘子具有机械强度大(为瓷悬式绝缘子的2~3倍)、电气性能好、自洁性好、零值自破、不易老化等特点。钢化玻璃悬式绝缘子如图2-49所示。

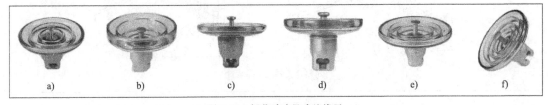

图2-49　钢化玻璃悬式绝缘子

(2)针式绝缘子。

针式绝缘子多用于回流线、保护线(PW线)及接地跳线,它承受线索不同方向的负荷,对地起电气绝缘作用,如图2-50所示。

(3)棒式绝缘子。

棒式绝缘子常用在绝缘腕臂、定位柱及隧道内等处,接触网常用的有瓷质棒式绝缘子和复合棒式绝缘子,如图2-51、图2-52所示。

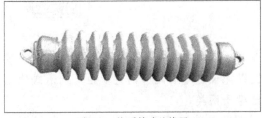

图2-50　针式绝缘子

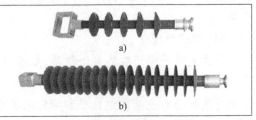

图2-51　瓷质棒式绝缘子　　　　图2-52　复合棒式绝缘子

**2. 绝缘子的特性**

绝缘子的特性主要包括电气性能和力学性能两个方面。

(1) 电气性能。

绝缘子的电气性能常用干闪电压、湿闪电压、击穿电压、绝缘泄漏距离等参数表示。

①干闪电压指在绝缘子表面清洁和干燥的情况下,在其两端施加工频电压直至绝缘子表面闪络所能达到的最低电压值,它只对室内绝缘子有意义。

②湿闪电压指在下雨时,雨水下落方向与水平面成45°角淋于表面清洁的绝缘子上,再在绝缘子两端加工频电压直至绝缘子表面闪络所能达到的最低电压值。

③击穿电压指在绝缘子两端加工频电压直至绝缘子性能遭到破坏所能达到的最低电压值。绝缘子一旦被击穿必须更换。

④绝缘泄漏距离指绝缘元件表面的曲线长度,即两电极间绝缘表面的爬电距离,俗称"爬距"。绝缘泄漏距离是反映绝缘子绝缘水平的重要参数。

(2) 力学性能。

力学性能是指绝缘子承受机械负荷的能力。绝缘子除起电气绝缘作用外,还承受一定的机械负荷,因此要求绝缘子有一定的安全系数,一般绝缘子的安全系数规定为2.5~3.0。

## 任务实施

| 任务名称 | 接触网支持装置认知 | | 工单号 | |
|---|---|---|---|---|
| 姓名 | | | 学号 | |
| 班级 | | | 日期 | |
| 操作任务:接触网直线区段中心柱正定位腕臂地面预配 | | | | |
| 操作中存在的问题及解决方法: | | | | |
| 项目 | 赋分 | 自评得分 | 互评得分 | 教师评分 |
| 知识理解正确 | 20 | | | |
| 处理方法得当 | 20 | | | |
| 表达清晰准确 | 20 | | | |
| 实施结果正确 | 40 | | | |
| 综合得分(自评得分10%,互评得分30%,教师评分60%) | | | | |

## 任务考核

### 一、填空题

1. 道岔柱有_____、_____、_____三种装配结构。
2. 绝缘子的电气性能常用_____、_____、_____、_____等参数表示。

### 二、判断题

1. 支柱侧面限界是指轨平面处,支柱内缘至线路中心的距离。（　　）
2. 在三跨距非绝缘锚段关节中,非工作支的接触线抬高约200mm。（　　）
3. 绝缘子发生击穿以后可以继续使用。（　　）

### 三、简答题

1. 支持装置由哪些部分组成? 其作用是什么?
2. 影响支持装置装配的主要参数有哪些? 它们是如何定义的?
3. 硬横跨相对于软横跨有哪些优点?
4. 电气化铁路绝缘子按照结构分为哪些类型?
5. 电气化铁路绝缘子按照材质分为哪些类型?
6. 钢化玻璃悬式绝缘子的优点有哪些?
7. 复合棒式绝缘子的优点有哪些?

### 四、训练题

利用接触网激光测量仪,进行某支柱处导高、支柱侧面限界、结构高度测量训练。

### 五、思考题

随着每年春运大幕的开启,媒体将镜头聚焦春运工作者,守护0.01mm的高铁焊轨人出现在大众视野中,在引发人们热议的同时,也赢得了无数掌声和赞扬。该钢轨焊接工与0.01mm的误差"较劲",以精益求精的工匠精神,为中国高铁保驾护航,让春运出行既温馨又安心。请结合铁路工匠精神,思考在接触网支持装置的检调中我们该怎么做到"0.01mm"。

# 任务四　接触网支柱与基础认知

## 任务单

| 任务名称 | 接触网支柱与基础认知 | 工单号 | |
|---|---|---|---|
| 姓名 | | 学号 | |
| 班级 | | 日期 | |
| 拟完成工作任务：<br>(1)掌握按材料分类接触网支柱作用。<br>(2)掌握按用途分类接触网支柱作用。<br>(3)熟悉接触网基础的分类及作用 ||||
| 学习重点：接触网基础的分类及作用 ||||
| 学习难点：接触网基础的分类及作用 ||||
| 教学所需设备：接触网模拟仿真沙盘、牵引供电系统仿真软件、接触网演练场、激光测量仪 ||||

## 知识学习

支柱是接触网的主要支撑设备,用于安装支持结构、悬挂和定位接触悬挂以及附加导线,承受接触网自身及各类附加荷载。支柱按材料可分为预应力钢筋混凝土支柱和钢支柱两大类;按用途可分为中间柱、转换柱、中心柱、锚柱、定位柱、道岔柱、软横跨支柱和硬横跨支柱。

### 一、接触网支柱认知

1. 按材料分类

(1)预应力钢筋混凝土支柱。

预应力钢筋混凝土支柱采用高强度的钢筋和高强度等级的混凝土制成,在制造时,对钢筋先加一定的拉力后再浇筑混凝土。预应力钢筋混凝土支柱具有比普通钢筋混凝土支柱在同等容量下节省钢材、强度大、支柱轻、使用寿命长、不需要浇筑基础等优点,但不耐碰撞,如图2-53所示。

支柱按材料分类

①结构。预应力钢筋混凝土支柱从外形上分为横腹杆式、等径圆支柱两种。

横腹杆式支柱截面为H型,采用带腹孔的横腹结构。这种结构便于上下攀登,利于维修和检查。同时,针对接触网负载的方向性(一般垂直于线路方向承受一定弯矩),在支柱受拉一侧配筋多,提高了钢筋的利用率。横腹杆式预应力混凝土支柱在我国普速电气化铁路上应用广泛。

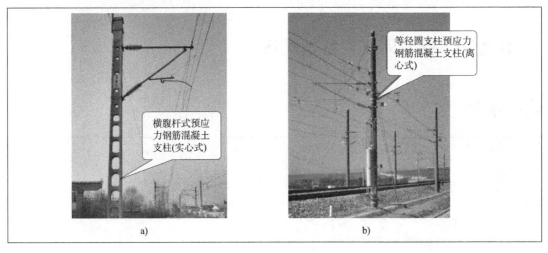

图 2-53 预应力钢筋混凝土支柱

②型号。预应力钢筋混凝土支柱用符号 H 表示，如 $H\dfrac{38}{8.7+2.6}$。其中，H 表示钢筋混凝土支柱，38 表示垂直线路方向的支柱容量(kN·m)，8.7 表示支柱露出地面的高度(m)，2.6 表示支柱埋入地下的长度(m)。

用于下锚的钢筋混凝土支柱，其符号表示如 $H\dfrac{48-25}{8.7+3}$。其中，48 表示垂直线路方向的支柱容量(kN·m)，25 表示顺线路方向(下锚方向)的支柱容量(kN·m)。

(2) 钢支柱。

钢支柱是用工字钢、槽钢或角钢焊接制成的，我国采用的钢支柱是用角钢焊成桁架结构。铁路上有 H 型钢支柱、等径圆钢支柱、格构式钢支柱等，如图 2-54 所示。

a) 格构式钢支柱　　　　b) H型钢支柱

图 2-54 钢支柱

钢支柱的优点:质量轻、强度大、耐碰撞、体积小、运输及安装方便、整齐美观、易于维护等。钢支柱的缺点:用钢量大、造价高、耐腐蚀性能差,需定期除锈、涂漆防腐,且维修不便等。钢支柱在高速铁路、桥梁、横跨结构等处应用广泛。

①用途。钢支柱主要用作跨越股道比较多、需要支柱高度较高、容量较大的软横跨柱,其次用作桥梁墩(台)上安装的支柱。现在作为软横跨钢支柱的高度有13m和15m两种。钢支柱需要用基础固定在地面上。

②型号。钢支柱用符号G表示,如 $G\dfrac{50}{9.5}$。其中,G表示钢支柱,50表示支柱垂直于线路方向的支柱容量(kN·m),9.5表示钢支柱本身的高度(m)。

用于下锚的钢支柱,其符号表示如 $G\dfrac{250-250}{15}$。其中,第一个250表示支柱垂直于线路方向的支柱容量(kN·m),第二个250表示支柱顺线路方向的支柱容量(kN·m),15表示钢支柱本身的高度(m)。

常见的等径圆支柱型号,其符号为 $\dfrac{60}{11+3}\phi 400$。其中 $\phi 400$ 表示支柱直径(mm),其他部分含义同前。

2.按用途分类

接触网支柱按用途布置位置示意图如图2-55所示。

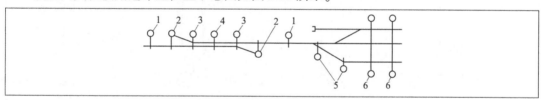

图2-55 接触网支柱按用途布置位置示意图(部分元件未标示)
1-中间柱;2-锚柱;3-转换柱;4-中心柱;5-道岔柱(定位柱);6-横跨柱

(1)中间柱:布置于两相邻锚段关节之间,承受一支工作支接触悬挂的垂直负荷和水平负荷;广泛用于区间和站场上。

(2)锚柱:位于锚段关节的两端或接触网需要下锚的其他地点,承受顺线路方向的下锚拉力和工作支的重力及水平力。

支柱按用途分类

(3)转换柱:位于锚段关节内,同时支持下锚支(简称非支)和工作支的垂直和水平负荷。电力机车受电弓在两转换柱间进行两个锚段线索的转换。

(4)中心柱:在四跨锚段关节转换柱之间,电力机车受电弓在此柱实现锚段转换。它同时承受两组工作支接触悬挂的重力和水平力,两组工作支接触线在此柱定位点处等高,且使两支接触线间距离符合技术要求。

(5)定位柱:主要用于站场道岔后曲线处或其他因拉出值超标需支柱定位的地方,它仅承受接触线水平负荷而不承受接触悬挂的重力负荷。

(6)道岔柱:在站场两端道岔处,为使接触线线岔符合技术要求所规定的位置,该处需设立道岔柱。

(7)软横跨柱：一般用于跨越多股道的站场，由于受力较大，多选用容量较大的支柱。跨越5股道及以下的软横跨柱可用钢筋混凝土支柱，5股道以上的软横跨则采用钢支柱。

(8)硬横跨柱：硬横跨亦称硬横梁，多用于全补偿链形悬挂跨越多股道的站场。硬横跨柱多为钢支柱和等径圆混凝土支柱。

## 二、支柱基础认知

支柱基础的作用是保持支柱稳定，并将支柱的荷载和力矩传给大地。

1. 预应力钢筋混凝土支柱基础

预应力钢筋混凝土支柱一般分为直埋和浅埋两种。直埋预应力钢筋混凝土支柱下部埋入土壤的部分就作为支柱的基础。如果支柱基础自身不稳定，不能满足安全要求，可以采用加横卧板的方法增加稳定性，必要时在支柱底部安置底板。横腹杆式钢筋混凝土支柱基础示意图如图2-56所示。

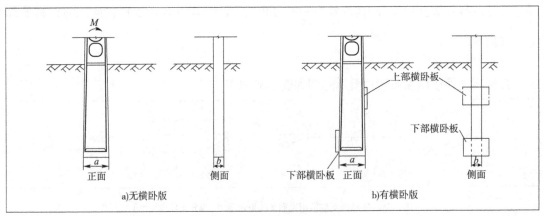

图 2-56 横腹杆式钢筋混凝土支柱基础示意图
a-支柱正面宽度；b-支柱侧面宽度

对于土质松软、基坑难以开挖等处，需预浇筑杯形基础，支柱放入杯形基础孔，用混凝土浇筑，使预应力钢筋混凝土支柱与杯形基础形成一个整体，如图2-57所示。等径圆钢筋混凝土支柱多需要制作杯形混凝土基础或法兰盘连接基础。

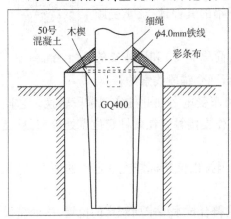

图 2-57 等径圆钢混凝土支柱杯形基础示意图

2. 钢支柱基础

钢支柱是立在以钢筋混凝土浇成的基础之上的，基础用于稳定钢支柱，使其不倾斜及下沉。配合不同支柱类型及土壤性质，有不同基础类型以满足不同悬挂受力的要求。

钢支柱基础按外形分为工字形、锥形、单阶梯形、多阶梯形等，如图2-58所示。

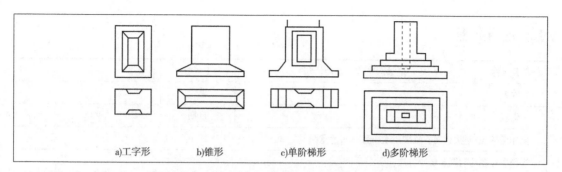

图 2-58 横腹杆式钢筋混凝土支柱基础示意图

在高速接触网中,将接触网支柱的基础工程划归到桥隧工程中,使支柱基础和桥隧同步施工,使桥隧工程和接触网支柱工程成为一个整体。

## 任务实施

| 任务名称 | 接触网支柱与基础认知 | | 工单号 | |
|---|---|---|---|---|
| 姓名 | | | 学号 | |
| 班级 | | | 日期 | |
| 操作任务:绘制接触网支柱按用途布置分布示意图 | | | | |
| 操作中存在的问题及解决方法: | | | | |
| 项目 | 赋分 | 自评得分 | 互评得分 | 教师评分 |
| 知识理解正确 | 20 | | | |
| 处理方法得当 | 20 | | | |
| 表达清晰准确 | 20 | | | |
| 实施结果正确 | 40 | | | |
| 综合得分(自评得分10%,互评得分30%,教师评分60%) | | | | |

## 任务考核

### 一、填空题

支柱按材料分类可分为_____和_____两种。

### 二、选择题

1. 同时承受两组工作支接触悬挂的重力和水平力,且在此柱定位点处等高,该柱为(　　)。

　　A. 中间柱　　　　B. 转换柱　　　　C. 中心柱　　　　D. 锚柱

2. 跨越5股道以上软横跨采用(　　)。

　　A. 钢筋混凝土支柱　　　　　　　B. 钢支柱

　　C. 中心柱　　　　　　　　　　　D. 锚柱

### 三、简答题

1. 简述 $H\dfrac{48-28}{8.7+3}$ 各部分含义。

2. 支柱按用途分类可分为哪几种?

### 四、训练题

绘制接触网各种支柱布置示意图,并标出支柱名称。

### 五、思考题

铁路运输是国民经济的大动脉,承担着大量的客运和货运任务。保证运输安全是铁路行业的首要任务,也是对铁路员工的基本要求。请结合新时期铁路精神,叙述如何养成良好的职业素质和规范的职业行为。

# 任务五　锚段关节、中心锚结及线岔认知

## 任务单

| 任务名称 | 锚段关节、中心锚结及线岔认知 | 工单号 | |
|---|---|---|---|
| 姓名 | | 学号 | |
| 班级 | | 日期 | |
| 拟完成工作任务： <br>(1)掌握锚段及作用。<br>(2)掌握锚段关节分类及作用。<br>(3)掌握中心锚结组成及作用。<br>(4)掌握线岔组成、分类及作用 | | | |
| 学习重点：接触网锚段关节、中心锚结、线岔的结构及作用 | | | |
| 学习难点：接触网线岔 | | | |
| 教学所需设备：接触网模拟仿真沙盘、牵引供电系统仿真软件、接触网演练场、激光测量仪 | | | |

## 知识学习

### 一、锚段

在区间站场上,根据供电和机械方面的要求,将接触网分成许多独立的分段,这种独立的分段称为锚段。

锚段与锚段关节

1. 锚段的作用

(1)缩小事故范围。当发生断线或支柱折断等事故时,接触网是分段的,从而将事故限制在一个锚段内,不致波及相邻锚段。

(2)便于加设张力补偿装置。分段后,在承力索和接触线两端加设张力补偿装置,使其下锚处与中心锚结处的张力基本保持不变,提高了供电质量。

(3)缩小因检修而停电的范围。在进行接触网检修时,可以打开绝缘锚段关节的隔离开关,缩小停电范围,保证非检修锚段的正常供电。

(4)锚段便于设电分相。通过绝缘锚段关节可以将不同段的异相电分开,以满足不同供电方式的需要。

2. 锚段长度确定

接触网的每一个锚段包括若干跨距,在确定接触网锚段长度时,主要考虑以下几个方面的因素:

(1)发生事故时,使事故范围尽量缩小,因此锚段长度不宜过长。

（2）在温度变化时，由线索的伸缩而引起的吊弦、定位器及腕臂等处的偏移不得超过允许值。同时，考虑到锚段两端补偿器坠砣在极限温度下不致过低（坠砣底面触及地面或基础面）或过高（碰触定滑轮），必须限制锚段长度。

（3）在极限温度下，承力索和接触线在补偿器处与在中心锚结处的张力差不能超过允许值，并以此来确定锚段长度。

直线区段全补偿链形悬挂锚段长度一般为 1500～1800m。在长大隧道内，锚段长度与隧道外一样；在长度不超过 2000m 的隧道内，应尽可能避免布设锚段关节；长度超过 2000m 时，应在隧道内下锚。

## 二、锚段关节认知

1. 锚段关节的相关定义

（1）锚段关节：两个相邻锚段的衔接（重叠）部分称为锚段关节。

（2）工作支与非工作支：在锚段关节内，两锚段的接触悬挂是并排架设的，与受电弓滑板接触为电力机车受流的一组悬挂称为工作支。抬高后不与受电弓滑板接触的一组悬挂称为非工作支，简称非支或锚支。

2. 锚段关节的分类

锚段关节按用途分为绝缘锚段关节和非绝缘锚段关节。绝缘锚段关节不仅起机械分段作用，还起同相电分段作用。非绝缘锚段关节只起机械分段作用。

3. 锚段关节的作用

当电力机车通过时，锚段关节应保证受电弓能平滑地由一个锚段过渡到另一个锚段。

4. 锚段关节的结构

锚段关节根据所含跨距数可分为三跨、四跨、五跨、六跨、七跨、八跨及九跨锚段关节。三跨锚段关节指锚段关节内含有 3 个跨距，其余以此类推。下面介绍三跨非绝缘锚段关节和四跨绝缘锚段关节。

（1）三跨非绝缘锚段关节。

三跨非绝缘锚段关节仅用于接触悬挂在机械方面的分段，电气方面仍然相连接。三跨非绝缘锚段关节通过电连接线将工作支和非工作支连接起来，保证电流通过。在这种锚段关节内，其承力索和接触线在两转换柱之间的跨距中心处过渡（奇数跨没有中心柱），如图 2-59 所示。在图中，Z 表示直线区段，F 表示非绝缘锚段关节。

三跨非绝缘锚段关节的技术要求如下：

①在锚段关节内，两转换柱间的两条接触线在水平面上的投影应平行，线间的距离为 100mm。在立面图中，两接触线的交叉点应在该跨距中心处，即两接触线在跨距中心处等高。

②在转换柱处，非工作支接触线比工作支接触线抬高 200～250mm。下锚处非工作支比工作支抬高 500mm。

③在两转换柱与锚柱间，在距转换柱 10m 处应安装电连接线。

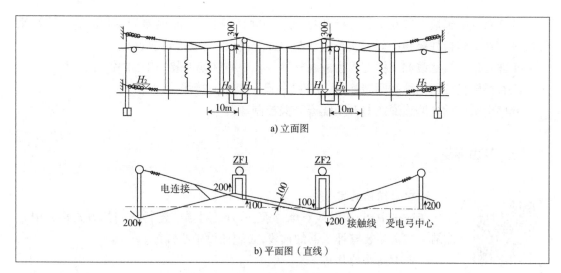

图 2-59 三跨非绝缘锚段关节结构(尺寸单位:mm)

$H_0$、$H_1$、$H_2$-接触线等高

④在电不分段锚段关节转换柱处,两接触线间垂直、水平距离允许误差为±20mm。

(2)四跨绝缘锚段关节。

绝缘锚段关节除机械分段外,可以实现同相电分段,多用于站场和区间的衔接。电分段锚段关节一般由四个跨距配合一个隔离开关组成,其接触线、承力索在垂直方向和水平方向都彼此相距500mm,以保持其电气绝缘。它包括两根锚柱、两根转换柱和一根中心柱,最终形成四个跨距,所以又称四跨绝缘锚段关节。电力机车受电弓在中心柱处实现两锚段的转换和过渡,两锚段靠安装在转换柱上的隔离开关实现电气连接。四跨绝缘锚段关节结构如图 2-60 所示。

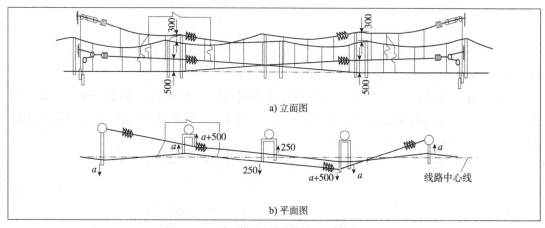

图 2-60 四跨绝缘锚段关节结构(尺寸单位:mm)

$a$-拉出值

绝缘锚段关节的技术要求:

①在两转换柱间,两接触线的投影应保持平行,线间距离为500mm,误差为±50mm。

②在转换柱处,非工作支接触线比工作支接触线抬高500mm,允许误差为±500mm。

③四跨绝缘锚段关节在中心柱处两接触线与轨面等高,允许误差为±10mm;三跨绝缘锚段关节在两转换柱跨距中间处两接触线与轨面等高(为受电弓转换点)。

④非工作支接触线和下锚支承力索在转换柱靠中心柱处加装一串(4片)绝缘子。

⑤在两转换柱与锚柱间距转换柱10m处各设一组电连接线。

⑥两个锚段的电路连通或断开由隔离开关控制。

### 三、中心锚结

中心锚结

**1. 中心锚结的定义**

在锚段中部,接触线对承力索、承力索对锚柱进行锚固的方式称为中心锚结。在两端装有补偿器的锚段,必须加设中心锚结。

**2. 中心锚结的作用**

(1)平衡接触线、承力索两端的拉力。接触线和承力索在锚段中部进行了锚固,因此当温度变化时,锚段两端的补偿器只能使线索由中心锚结处分别向两侧移动,保证了线索张力及弛度均匀,使接触线有良好的工作状态。

(2)缩小事故范围。当中心锚结一侧发生事故时,在中心锚结的作用下,不影响另一侧的悬挂,缩小了事故范围,便于抢修。

(3)防止接触悬挂在外力的作用下向一侧滑动。

**3. 中心锚结的布置原则**

(1)使中心锚结两边线索的张力尽量相等。

(2)直线区段一般设在锚段中间处。

(3)曲线区段一般设在曲线多、半径小的一侧。

**4. 中心锚结的结构**

中心锚结绳范围内不得安装吊弦和电连接,中锚绳两端距相邻的吊弦或电连接距离不得小于2m。接触线中心锚结线夹处导高应与邻点吊弦处导高相等,允许抬高0~10mm。

(1)半补偿链形悬挂中心锚结。接触线在锚段中间通过中锚线夹和辅助绳固定到承力索上。半补偿链形悬挂中心锚结的结构如图2-61所示,承力索、接触线中心锚结线夹实物图如图2-62所示。

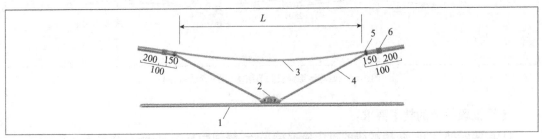

图2-61 半补偿链形悬挂中心锚结的结构(尺寸单位:mm)

1-接触线;2-中心锚结线夹;3-承力索;4-辅助绳;5-钢线卡子;6-绑扎线段;L-中心锚结的长度

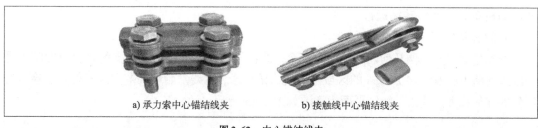

图 2-62 中心锚结线夹

中心锚结辅助绳采用与承力索相同材质的铜合金绞线制成,中间用中心锚结线夹与接触线固定,两端分别用两个承力索中心锚结线夹紧固在承力索上。当一侧接触线断线后,另一侧接触线在中心锚结辅助绳的拉力作用下不发生松动,起到缩小事故范围的作用。

(2)全补偿链形悬挂中心锚结。全补偿链形悬挂除接触线设中心锚结外,承力索也必须设中心锚结。接触线中锚辅助绳用钢线卡子固定到承力索上,承力索上的辅助绳锚固到两侧支柱上。全补偿链形悬挂中心锚结一般由三跨组成,如图 2-63 所示。

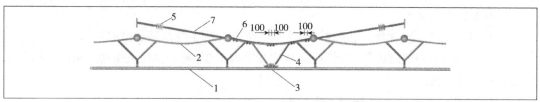

图 2-63 全补偿中心锚结结构图(尺寸单位:mm)

1-接触线;2-承力索;3-中心锚结线夹;4-GJ-50 辅助绳;5-绝缘子串;6-钢线卡子;7-GJ-70 承力索辅助绳

(3)站场防串中心锚结。站场软横跨处的全补偿链形悬挂中心锚结,将中心锚结绳在悬挂点处与承力索固定,依靠上部固定绳对承力索起到锚结作用。站场防串中心锚结的优点是结构简单、安装方便;其缺点是不防断线事故。站场防串中心锚结如图 2-64 所示。

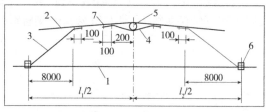

图 2-64 站场防串中心锚结(尺寸单位:mm)

1-接触线;2-承力索;3-GJ-50 钢绞绳;4-GJ-70 钢绞绳;5-悬吊滑轮;6-中心锚结线夹;7-钢线卡子;$l$-中心锚结长度

## 四、线岔

1. 线岔的定义

在站场上,站线、侧线、渡线、到发线总是并入正线。线岔通过两条接触悬挂以某一角度交叉或者保持相对的位置关系,满足电力机车通过道岔时受电弓能沿着其中任意一条接触线滑行或平滑过渡。如果铁路线路设一个道岔,接触网就必须设一个线岔(也称架空转辙器)。接触网线岔有交叉和无交叉两种结构形式。

线岔

2. 线岔的作用

线岔的作用是保证电力机车受电弓安全平滑地由一条接触线过渡至另一条接触线,配合电力机车完成线路转换运行。

3. 线岔始触区

线岔始触区是弓网几何匹配的重要概念。线岔两工作支中任意工作支的垂直投影距离另一股道线路中心 600~1050mm 的区域称为线岔始触区。在线岔始触区范围内不得安装除吊弦以外的任何线夹。线岔始触区平面示意图如图 2-65 所示。

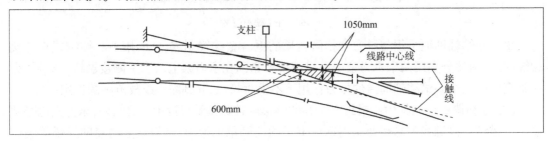

图 2-65　线岔始触区平面示意图(阴影部分)

4. 线岔的基本要求

(1)保证行车安全、无硬点,接触网弹性满足受电弓从正线高速通过的要求。

(2)无论受电弓从正线进入渡线还是从渡线进入正线,两支接触线在动态条件下均应保证受电弓平稳过渡。

(3)结构简单,便于检调、维护工作量少。

5. 交叉线岔

交叉线岔由两根交叉接触线、限制管及定位线夹等零件组成。限制管两端通过定位线夹安装在下位接触线上,将两组悬挂的接触线约束在一起,使两接触线在受电弓抬升力的作用下同步升降,保证受电弓从不同线路方向顺利通过线岔。交叉线岔结构如图 2-66 所示。

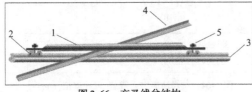

图 2-66　交叉线岔结构

1-限制管;2-定位线夹;3-正线接触线;4-侧线接触线;5-螺栓

(1)线岔始触点。

当电力机车受电弓从一股道通过线岔时,由于受电弓有一固定宽度,在未运行到两导线交叉点时,即已接触到另一股道接触线,该处被称为线岔始触点。

(2)线岔定位。

线岔定位是指两导线交叉点的投影点在道岔导曲线两内轨间的位置,其位置与道岔类型有关。根据两组接触悬挂走向不同,道岔柱处交叉线岔定位方式分为 L 型、Y 型和 LY 型三种。

(3)常见道岔分类。

交叉线岔根据道岔结构和型号的不同分为单开道岔、对称道岔和复式交分式道岔等,不同的道岔对应的线岔结构也不同。

(4)普速接触网交叉线岔标准定位。

单开道岔上空两接触线相交于道岔导曲线两内轨轨距 745~835mm 的横向中间位置处,道岔柱位于道岔导曲线外轨外缘至基本轨内缘 600mm 处的延长线上,如图 2-67 所示。

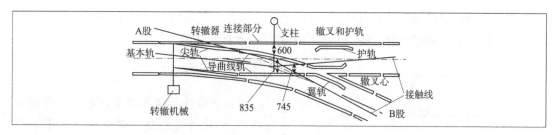

图 2-67 单开道交叉线岔定位(尺寸单位:mm)

(5)高速接触网交叉线岔。

由于道岔型号增大,接触网交叉线岔的布置应根据受电弓型号及其动态包络线、定位柱处接触线拉出值、定位柱支持装置的几何尺寸、道岔型号等进行布置,从而保证受电弓高速、安全、平滑地通过线岔区。

①设无线夹区:距线路中心线两侧 600~1050mm 的阴影区域为无线夹区,在此区域内不得设置接触线定位线夹、弹性吊索线夹、电连接线夹,如图 2-68 所示。

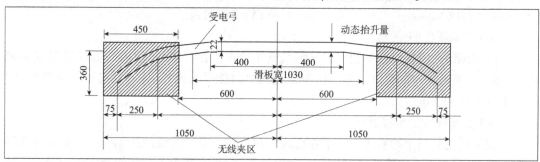

图 2-68 交叉线岔无线夹区(尺寸单位:mm)

②设交叉吊弦:在线岔交点两端,直股(正线)接触线和侧股(渡线)线路中心线距、侧股接触线和直股线路中心线距(图 2-69 中"×")均为 550~600mm,分别设置两组交叉吊弦,即将侧股接触悬挂的承力索悬吊直股接触悬挂的接触线,而直股接触悬挂的承力索悬吊侧股接触悬挂的接触线,如图 2-69 所示。受电弓将正(站)线接触线抬升时,通过交叉吊弦的作用可将站(正)线的接触线同步抬升。

(6)交叉线岔技术要求。

①正线与渡线的两条接触线必须架设在受电弓的有效工作范围内,在任何受电弓行驶方向上,两支接触悬挂的接触线必须在受电弓半宽的同一侧。

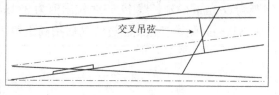

图 2-69 交叉吊弦示意图

②在道岔定位处的最大拉出值不得大于 400mm。

③道岔的两线路接触悬挂的线岔交点距两线路任一线路中心线的距离一般不得大于 350mm。

④凡是安装线岔的地方,均应安设电连接线,电连接线安装在距线岔 1.5~2m 处,以保证始触点处等电位。

⑤线岔处两组接触悬挂应自然相交,接触线在线岔里能随温度变化自由纵向移动。正线位于侧线下方,如同为侧线,距中心锚结近的那组悬挂应在下方。

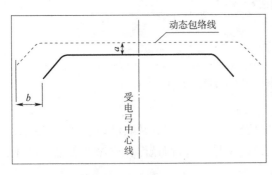

图2-70 动态包络线示意图

$a$-设计规定的受电弓动态抬升量150mm(线岔始触区为200mm);$b$-设计规定的受电弓横向摆动量,直线区段为250mm,曲线区段为350mm

### 知识拓展

动态包络线指列车以最高设计速度运行过程中,受电弓允许达到的最大抬升量及左右摆动量所包含的空间范围。动态包络线示意图如图2-70所示。

6. 无交叉线岔

(1)无交叉线岔的定义。

无交叉线岔是接触网线岔的一种形式,侧线的接触悬挂和正线不形成空间交叉,靠接触网相关参数的配合来实现受电弓从正、侧线之间过渡。

(2)无交叉线岔的特点。

正线和侧线两组接触线不相交、不接触,既不会产生刮弓事故,也没有固线岔形成的硬点,能够满足高速行车的要求。电力机车经过线岔时能平稳通过,并有良好的受流特性,能适应多种形状的受电弓。

(3)无交叉线岔的布置原则。

无交叉线岔有两个始触区和一个等高区。两线路中心线的线间距126～526mm的范围为第一始触区,在此区内渡线接触线比正线接触线高;两线路中心线线间距526～806mm的范围为等高区,在此区内两接触线等高;两线路中心线线间距806～1306mm的范围为第二始触区,在此区内正线接触线比渡线接触线高。

(4)无交叉线岔的结构。

无交叉线岔的平面布置如图2-71所示。无交叉线岔的道岔柱位于正线和侧线的两线间距为666mm的延长线上,正线拉出值为333mm,侧线距正线线路中心999mm,距侧线线路中心333mm,侧线接触线在过线岔后抬高下锚。

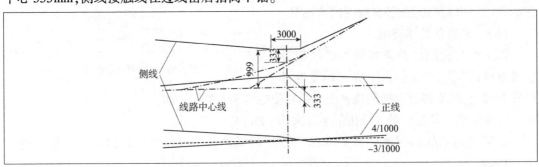

图2-71 无交叉线岔的平面布置(尺寸单位:mm)

(5)无交叉线岔的工作原理。

如图2-72所示,当电力机车从正线通过道岔时,受电弓在任何情况下均不与侧线的接触线接触,避免了受电弓通过交叉线岔时较易发生的打弓现象;电力机车从侧线进入正线或从正线进入侧线时,受电弓能从侧线与正线接触线之间平稳过渡,不发生刮弓现象。

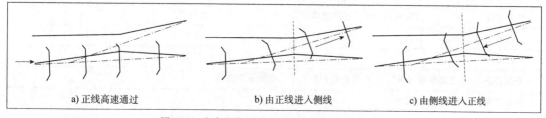

图 2-72　电力机车通过无交叉线岔过渡状态示意图

## 任务实施

| 任务名称 | 锚段关节、中心锚结及线岔认知 | | 工单号 | |
|---|---|---|---|---|
| 姓名 | | | 学号 | |
| 班级 | | | 日期 | |
| 操作任务:绘制四跨绝缘锚段关节、全补偿链形悬挂中心锚结示意图 | | | | |
| 操作中存在的问题及解决方法: | | | | |
| 项目 | 赋分 | 自评得分 | 互评得分 | 教师评分 |
| 知识理解正确 | 20 | | | |
| 处理方法得当 | 20 | | | |
| 表达清晰准确 | 20 | | | |
| 实施结果正确 | 40 | | | |
| 综合得分(自评得分10%,互评得分30%,教师评分60%) | | | | |

## 任务考核

### 一、选择题

1. 两转换柱与锚柱间,在距转换柱( )m处应安装电连接线。
   A. 4　　　　　B. 8.5　　　　　C. 10　　　　　D. 20

2. 绝缘锚段关节中,两个锚段的电路连通或断开由( )控制。
   A. 隔离开关　　B. 断路器　　　C. 电连接线　　D. 支柱

3. 三跨非绝缘锚段关节,下锚处非工作支比工作支抬高( )mm。
   A. 200　　　　B. 250　　　　　C. 500　　　　　D. 600

### 二、判断题

1. 接触网线岔有交叉线岔和无交叉线岔两种结构形式。　　　　　　　　( )
2. 无交叉线岔正线和侧线两组接触线不相交、不接触。　　　　　　　　( )

### 三、简答题

1. 简述锚段、锚段关节及其作用。
2. 为什么要在转换柱处将非工作支抬高?若不抬高会发生什么事故?
3. 中心锚结的作用是什么?
4. 线岔的作用是什么?
5. 什么是线岔始触区和线岔始触点?
6. 简述高速交叉线岔的技术特点。
7. 简述无交叉线岔的技术特点。
8. 什么是动态包络线?

### 四、训练题

1. 绘制直线区段四跨绝缘锚段关节的立面图和平面图,并说明其技术要求。
2. 画出全补偿链形悬挂中心锚结结构图。

**五、思考题**

　　安全工作是一切工作的生命线,是稳定发展的前提和基础。党的十八大以来,习近平总书记反复强调要把人民生命安全放在首位,并就抓好安全生产工作发表了一系列重要讲话,作出了一系列重要指示,为做好安全生产工作,更好地贯彻实施安全生产任务,赋予了新的意义和使命。习近平总书记对安全工作的重要论述和实践要求为扎实做好国铁企业安全生产工作提供了根本遵循。为全面贯彻落实党的二十大精神,奋力推动铁路高质量发展,率先实现铁路现代化,勇当服务和支撑中国式现代化建设的"火车头",我们必须进一步树牢总体国家安全观和大安全观,更好地统筹发展和安全,坚守政治红线和职业底线,坚决确保铁路安全稳定。请大家结合工作岗位思考:应如何养成良好的安全意识、责任意识和红线意识?

## 任务六　电分段与电分相认知

### 任务单

| 任务名称 | 电分段与电分相认知 | 工单号 | |
|---|---|---|---|
| 姓名 | | 学号 | |
| 班级 | | 日期 | |
| 拟完成工作任务：<br>(1)掌握电分段及其作用。<br>(2)掌握电分相及其作用。<br>(3)掌握电分段与电分相的分类 ||||
| 学习重点：接触网电分段与电分相的结构及作用 ||||
| 学习难点：接触网锚段关节式电分相 ||||
| 教学所需设备：接触网模拟仿真沙盘、牵引供电系统仿真软件、接触网演练场、激光测量仪 ||||

### 知识学习

接触网是一种特殊形式的供电线路,为了保证供电的可靠性和灵活性,并缩小停电事故发生的范围,要进行电气分段。在同相供电范围内设置的电分段为同相电分段。在牵引变电所和分区所(亭)所在地的不同相接触网处设置的分相绝缘装置称为电分相,如车站上下行渡线处,区间和站场之间(纵向),站场内的货物线、装卸线、段管线,枢纽地区场与场之间等(横向)。

对于电力机车而言,电分段与电分相的区别是:电分相存在中性区和无电区,电力机车须断电通过;电分段不存在中性区和无电区,电力机车通过电分段无须断电。

### 一、电分段

被分段的接触网在电气方面是独立的,并用隔离开关连接。当某区段发生事故或停电进行检修时,可以打开相应段的隔离开关使该区段无电,而不致影响其他各段接触网的运行。

1. 电分段的分类

接触网的电分段可分为横向电分段和纵向电分段。

(1)横向电分段:接触网各线路之间进行的电分段,如用于复线上下行股道间,车站、车场各股道间的接触网电分段。

(2)纵向电分段:同一条接触网沿线路方向进行的电分段,即用于沿线路方向接触网之间的电分段,如沿线路方向各供电臂之间的分段。

电力机车通过电分段时,受电弓会短接电分段两端供电单元,所以电分段两端电压差应限制在一定范围内。电分段处禁止电力机车停留。

一般而言,在车站或设计速度小于160km/h的区段采用分段绝缘器(器件式)实现电分段,在干线速度超过160km/h的路段采用绝缘锚段关节(关节式)实现电分段。

2. 分段绝缘器

分段绝缘器是接触网电气分段的常用设备,一般配合隔离开关使用。在正常情况下,电力机车受电弓带电滑行通过。当某一侧接触网发生故障或因检修需要停电时,可打开分段绝缘器处的隔离开关,将该部分接触网断电,而其他部分接触网仍能正常供电,从而提高接触网运行的可靠性和灵活性。复线区段有牵引变电所的车站站场电分段如图2-73所示。

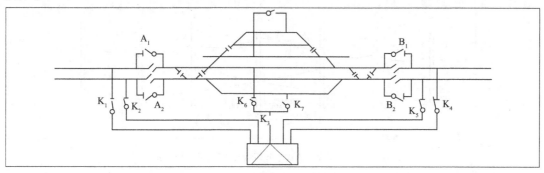

图2-73 复线区段有牵引变电所的车站站场电分段

## 二、电分相

在单相交流牵引供电系统中,电力机车是由单相电供电的,为了平衡电力系统U、V、W各相负荷,一般实行U、V相轮流供电,所以U、V相之间要进行电气隔离,称为电分相。在变电所出口处及两牵引变电所之间(分区所/亭)必须设电分相装置。电分相装置分为器件式电分相和锚段关节式电分相两大类。

电力机车在通过分相绝缘装置时要"断电"通过,即在通过前将主断路器断开,滑行通过后再闭合主断路器继续运行。否则,电力机车"带负荷"过分相,弓网之间会产生强烈的电弧,造成相间短路,甚至烧断接触网线索。

电分相

1. 器件式电分相

器件式(分相绝缘器)电分相在接触悬挂中串入分相绝缘器,实现两侧接触悬挂的电气分段,电分相两侧机械上不分段。对其要求是:接触线和绝缘件连接平滑可靠,不得形成硬点,应保持接触线原有张力,保证电力机车受电弓平滑通过。器件式电分相一般用在普速接触网中。

## 2. 锚段关节式电分相

由于锚段关节式电分相具有与接触网锚段关节相同的特性,相比分相绝缘器集中荷载,具有硬点小、受电弓过渡平滑等优点,在提速区段和高速区段普遍采用。

(1)锚段关节式电分相结构。

锚段关节式电分相由两个绝缘锚段关节和一个分相(中性)锚段组成,其结构有七跨、八跨和九跨三种。绝缘锚段关节可以采用四跨结构或五跨结构,两绝缘锚段关节重叠区域有一跨和两跨两种情况。在中性区和列车行进方向的锚段间设有隔离开关,在电力机车停于无电区且和来车方向锚段间满足绝缘条件时,闭合隔离开关,可使电力机车恢复供电,开出无电区。中性锚段不带电,也不接地,在列车通过时起到过渡作用。

以八跨锚段关节电分相为例,说明锚段关节式电分相的结构特点,八跨锚段关节式电分相示意图如图2-74 所示。

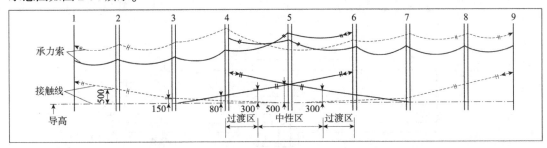

图2-74　八跨锚段关节式电分相示意图(尺寸单位:mm)

①绝缘距离:在电分相的锚段关节内,两支接触悬挂的水平间距均为500mm,两支接触悬挂间空气绝缘间隙应≥450mm,施工误差应控制在0～50mm 范围内。

②中性区:设计速度为200km/h 的铁路线路的接触网中性段长度一般在350～450m 范围内,无电区的长度在100～150m 范围内,电力机车靠惯性通过无电区。

③在相邻两牵引变电所供电的电分相处应设联络开关,当需要时可以实现越区供电。当采用锚段关节式分相装置时,宜在电力机车前进方向侧装设常开隔离开关,一般实行远动控制。

(2)自动过分相。

当电力机车采用自动过分相时,宜采用电力机车断电自动过分相方式。京沪线采用的七跨锚段关节式电分相断、合标位置如图2-75 所示。

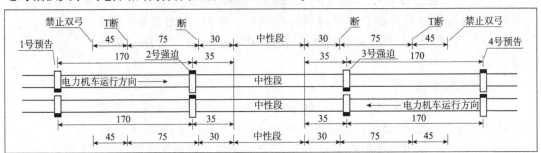

图2-75　京沪线采用的七跨锚段关节式电分相断、合标位置(尺寸单位:m)

锚段关节式电分相设计应满足多机多弓运输组织的需要,当编组采用多弓运行时,若多弓有高压母线连接,任意两受电弓间的距离 $L$ 必须小于电分相无电区的长度 $D_1$,如图 2-76 所示;若多弓无高压母线连接,任意两受电弓之间的距离 $L$ 应小于无电区的长度 $D_1$ 或大于中性段长度 $D_2$,如图 2-77 所示。

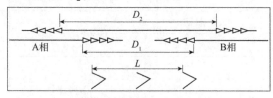

图 2-76　任意两受电弓间的距离 $L$ 小于电分相无电区的长度 $D_1$

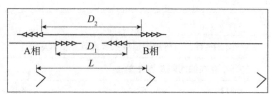

图 2-77　任意两受电弓间的距离 $L$ 大于中性段的长度 $D_2$

$D_1$-无电区长度,指靠近中性段中心的两绝缘转换柱绝缘子外侧间的距离;$D_2$-中性段长度,指远离中性段中心的两绝缘转换柱绝缘子内侧间的距离

## 任务实施

| 任务名称 | 电分段与电分相认知 | 工单号 | |
|---|---|---|---|
| 姓名 | | 学号 | |
| 班级 | | 日期 | |
| 操作任务：绘制八跨绝缘锚段关节式电分相示意图 | | | |
| 操作中存在的问题及解决方法： | | | |
| 项目 | 赋分 | 自评得分 | 互评得分 | 教师评分 |
| 知识理解正确 | 20 | | | |
| 处理方法得当 | 20 | | | |
| 表达清晰准确 | 20 | | | |
| 实施结果正确 | 40 | | | |
| 综合得分（自评得分10%，互评得分30%，教师评分60%） | | | | |

## 任务考核

**一、填空题**

1. 关节式电分相由_____和_____两部分组成。
2. 锚段关节式电分相由两个_____和一个_____组成。
3. 接触网各线路之间进行的电分段叫_____电分段。

**二、简答题**

1. 为什么要设置电气分段？
2. 电分相一般设置在哪些地方？
3. 为什么电力机车在通过分相绝缘装置时要"断电"通过？
4. 什么是自动过分相？

**三、训练题**

1. 绘制复线区段车站站场分段示意图。
2. 画出八跨锚段关节式电分相示意图。

**四、思考题**

铁路作为国民经济大动脉、大众化交通工具，顺应时代要求，传承弘扬工匠精神是其应有的历史使命和社会责任。请结合工作岗位，思考在检调电分段和电分相作业中如何体现工匠精神。

# 任务七　单项设备与附加导线认知

## 任务单

| 任务名称 | 单项设备与附加导线认知 | 工单号 | |
|---|---|---|---|
| 姓名 | | 学号 | |
| 班级 | | 日期 | |
| 拟完成工作任务：<br>(1)掌握接触网隔离开关、避雷器与电连接的分类及作用。<br>(2)掌握接触网附加导线分类及作用 | | | |
| 学习重点：接触网隔离开关与电连接 | | | |
| 学习难点：接触网附加导线分类及作用 | | | |
| 教学所需设备：接触网模拟仿真沙盘、牵引供电系统仿真软件、接触网演练场 | | | |

## 知识学习

### 一、隔离开关

隔离开关是一种没有灭弧装置的开关设备。它的作用是连通或切断接触网供电分段间的电路,增强供电的灵活性,以满足检修和不同供电方式运行的需要。

隔离开关一般装设在大型建筑物(如长大隧道和长大桥梁)两端,车站装卸线、专用线、电力机车库线、整备线,绝缘锚段关节、分区、分相绝缘器等需要进行电分段的地方。它的主要用途是当需要接触网停电作业检修时,实现与正线或到发线接触网线路的可靠隔离,以保证作业及检修人员的安全和运行部分的正常工作。

隔离开关

1.隔离开关基本知识

(1)隔离开关分类。

隔离开关按安装地点分为户内型和户外型,按触头运动方式分为水平回转式隔离开关、垂直回转式隔离开关、伸缩式隔离开关和直线移动式隔离开关,按有无接地刀闸分为有接地刀闸隔离开关和无接地刀闸隔离开关,按隔离开关的极数分为单极隔离开关和双极隔离开关,按操作机构分为手动隔离开关和电动隔离开关两种。单极隔离开关和双极隔离开关的结构示意图如图 2-78、图 2-79 所示。

(2)隔离开关型号。

这里以 GW1-2×27.5D/1250GY 为例进行介绍。

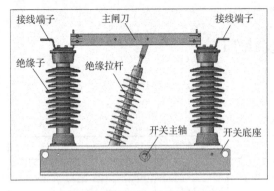

图 2-78 单极隔离开关结构示意图

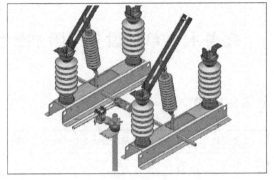

图 2-79 双极隔离开关结构示意图

符号的意义：

G——高压隔离开关；

W——户外型；

1——产品序号；

2——双极，单极不标；

27.5——额定电压，kV；

D——带接地刀闸；

1250——额定电流，A；

GY——高海拔地区。

带接地刀闸的开关多了一套接地刀闸和联动装置。它由金属底座、绝缘瓷柱、导电刀闸、接地刀闸和手动操动机构组成，开关的分合过程是操作手动操动机构，经转动杆转动主轴上的瓷柱，并带动导电刀闸水平转动 90°，转动的同时通过交叉连杆使另一个瓷柱和导电刀闸转动 90°。

安装隔离开关时，腕臂柱安装在支柱顶部，软横跨柱安装在支柱的 1/2 高度处，导电刀闸通过电连接线与接触网连接，如图 2-80 所示。

2. 隔离开关的操作

隔离开关倒闸作业必须两人完成，一人监护，一人操作，安全等级均不低于三级。隔离开关倒闸操作步骤如下：

（1）操作人员向供电调度员提出申请，供电调度员审查后发布倒闸作业命令，操作人受令复诵，供电调度员确认无误后，方可给命令编号和批准时间。

（2）操作人员必须戴好安全帽和绝缘手套，接到倒闸命令后，要迅速准确地进行倒闸，一次开闭到位，中途不得停留或发生冲击。

## 二、避雷器

目前接触网主要用氧化锌避雷器。氧化锌避雷器是一种保护性能优越、质量轻、耐污秽、性能稳定的避雷设备。它主要利用氧化锌良好的非线性伏安特性，正常工作电压时流过避雷器的电流极小，当过电压作用时，电阻急剧下降，泄放过电压的能量，以达到保护的效果。氧化锌避雷器具有冲击大电流耐受能力强、通流能力大、保护可靠、灭弧快、抗老化、寿命长、免维护等优点。氧化锌避雷器一般有瓷外套避雷器、复合外套避雷器两种类型。

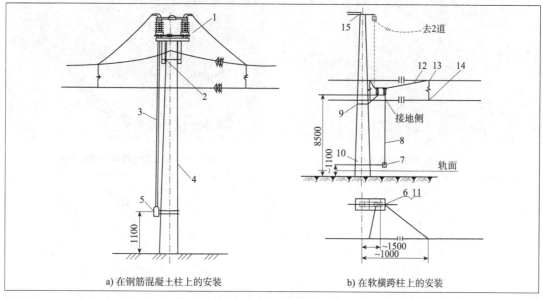

图 2-80　隔离开关安装图(尺寸单位:mm)

1-隔离开关;2-隔离开关托架;3、8-传动杆;4-支柱;5-手动操动机构;6-隔离开关;7-手动操动机构;9-开关支架;10-操动机构支架;11-钢铝过渡线夹;12-电连接线;13-电连接线夹;14-铜铝接触线电连接线夹;15-跳线肩架

瓷外套避雷器：由避雷器单元、底座等组成。电阻片被密封在避雷器单元内,由绝缘拉杆、固定卡盘固定后用弹簧压紧,以防内部零部件松动。

复合外套避雷器：由硅橡胶复合外套、环氧玻璃缠绕绝缘筒、限压元件、脱离装置以及连接金具等组成。复合外套避雷器有上托式、上挂式两种安装方式。复合外套避雷器如图 2-81 所示。

图 2-81　复合外套避雷器

## 三、电连接

**1. 电连接的作用**

(1)等电位。

将存在较大电位差的供电设备通过电连接线连接起来,就实现了等电位,它能保证电路的畅通,防止电弧的发生,保护供电设备。等电位常用在锚段关节、线岔、隔离开关、避雷器、电分段和电分相、有电流流过的连接螺栓等设备处。线岔处电连接、定位管连接螺栓处电连接如图 2-82、图 2-83 所示。

电连接

(2)并联供电。

通过电连接可实现并联供电,提高载流能力和供电线路末端电压,减少电能损耗。并联供电常用在各股道间、承力索与接触性之间等。线索间、股道间并联供电如图 2-84、图 2-85 所示。

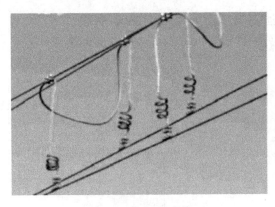
图2-82 线岔处电连接

图2-83 定位管连接螺栓处电连接

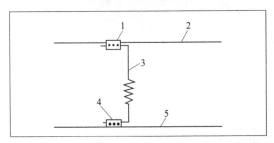

图2-84 线索间并联供电

1-电连接线夹;2-承力索;3-电连接线;4-接触线电连接夹;5-接触线

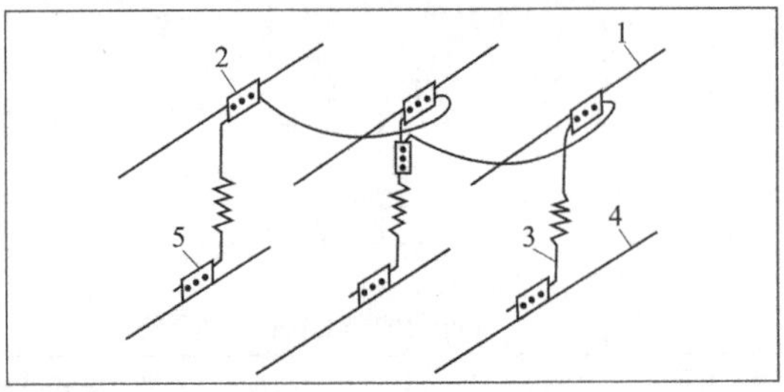

图2-85 股道间并联供电

1-承力索;2-电连接线夹;3-电连接线 4-接触线;5-接触线电连接线夹

2. 电连接的安装

(1) 电连接线材料型号。

电连接线用导电性能好的材料制成,根据使用场合的不同,一般采用不同规格型号的多股软铜绞线,其额定载流量不小于被连接的接触悬挂、供电线和连接设备的额定载流量。

(2) 电连接安装要求。

为减少电连接线与接触线连接处的硬点,保持接触网弹性,要求电连接线做成螺旋弹簧状,当电连接线意外烧损时,还可放开几圈继续使用,以节约材料。

当承力索、接触线间的距离小于或等于1000mm时,采用C形电连接方式,如图2-86所示;当承力索、接触线间的距离大于1000mm时,采用S形电连接方式,如图2-87所示。其裕度满足接触线、承力索随温度变化伸缩的要求。电连接线不得有接头、压伤和断股现象,电连接线应伸出线夹外5~10mm。

## 四、接触网附加导线

接触网的附加线索包括供电线(F线)、加强线、正馈线、保护线、吸上线、回流线、架空线(GW线)等。

1. 供电线(F线)

供电线(F线)又称馈电线,它是牵引变电所、分区所(亭)、开闭所与接触网连接的线路,其作用是将牵引变电所的电能输送到接触网上,一般送至接触网电分相两侧。

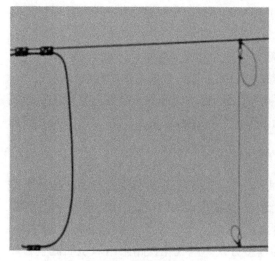

图2-86  C形电连接

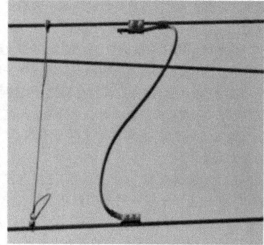

图2-87  S形电连接

2. 加强线

为改善接触网的电压或载流能力、悬挂截面等不足,在电流较大的区段,同接触悬挂并联架设以增加接触悬挂载流能力的架空导线称为加强线。加强线架设在接触悬挂的上方或田野侧,每隔300～500m与接触网并联1次。一般采用185$mm^2$、240$mm^2$、300$mm^2$钢芯铝绞线。

3. 正馈线

正馈线用于AT供电区段,如图2-88所示。正馈线与接触网电压大小相同方向反向。正馈线与保护线同时悬挂在支柱田野侧,其线肩架上保护线靠支柱侧、正馈线靠田野侧,在停电作业时,正馈线与接触线的地线同时接钢轨,而保护线经接地端子接大地。

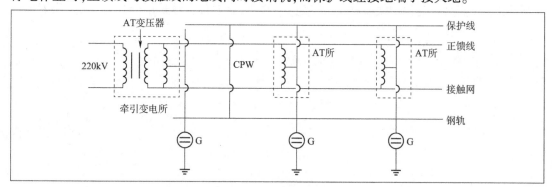

图2-88  AT供电示意图

4. 保护线

保护线用于AT供电区段,如图2-88所示。保护线经保护跳线与接触网各绝缘子接地端相连,在各个AT自耦变压器的中点处和钢轨连在一起。因此当发生绝缘子闪络或击穿时,保护线会给短路电流提供一个良好的电气通路,使变电所继电保护装置迅速动作,达到及时反映和排除故障的目的。PW线的作用非常重要,当正馈线绝缘子闪络或击穿时,如果没有PW线的存在,支持装置的绝缘子两端将承受55kV电压,可能造成绝缘子闪络,最终致使牵引变压器55kV侧短路。

保护线的电压一般为200~300V,短路故障时可达3000V。保护线不流过牵引电流,只有在发生短路故障时,才有短路电流流过保护线,所以保护线一般采用铜芯铝绞线制成。

在AT供电区段,保护线与正馈线、接触网同杆架设,保护线经保护跳线与接触网接地端连接,所以在安装保护跳线时要充分考虑其与正馈线之间的距离,防止跳线与正馈线之间的空气绝缘间距不够,造成放电、烧断正馈线。

5. 吸上线

在带回流线的TR供电方式和BT供电方式中,连接扼流变压器(钢轨)与回流线的电缆称作吸上线。吸上线一般采用铜芯或铝芯电缆,流过的是牵引电流。在变电所和分区所(亭)附近吸上线的截面积应比其他地点的要大。

吸上线应根据铁路信号的要求采取不同的连接方式。电气化铁路采用双轨回流全自动闭塞时,吸上线应连接到扼流变压器中性板上。

6. 回流线

在带回流线的TR供电方式和BT供电方式中,与接触网同杆异侧架设的一条起回流作用的金属导线称作回流线。在牵引变电所附近连接钢轨和牵引变电所接地网的回流线路将牵引电流引回牵引变电所的导线,也称作回流线。回流线使做功后的牵引电流返回牵引变电所,以减小牵引电流对通信线路的干扰。回流线的电压一般为1~3kV。

7. 架空线

在基本站台或中间站台上,为了保证人身安全,除设保护线外,还在支柱顶部架设了一段架空线,架空线直接固定在支架上,并与钢支柱相连。架空线在站台的两侧下锚,在每端各设一个接地极,可以保证站台上的人的人身安全,使站台钢支柱上有双重保护。架空地线一般用GJ-50。为了与保护线线材统一,减少备料等,有时架空线采用LGJ-70钢芯铝绞线。

## 任务实施

| 任务名称 | 单项设备与附加导线认知 | | 工单号 | |
|---|---|---|---|---|
| 姓名 | | | 学号 | |
| 班级 | | | 日期 | |
| 操作任务:隔离开关倒闸作业实操 | | | | |
| 操作中存在的问题及解决方法: | | | | |
| 项目 | 赋分 | 自评得分 | 互评得分 | 教师评分 |
| 知识理解正确 | 20 | | | |
| 处理方法得当 | 20 | | | |
| 表达清晰准确 | 20 | | | |
| 实施结果正确 | 40 | | | |
| 综合得分(自评得分10%,互评得分30%,教师评分60%) | | | | |

## 任务考核

### 一、填空题

1. 隔离开关按安装地点可分为_____和_____。
2. 隔离开关安装时,腕臂柱安装在_____,软横跨柱安装在支柱的_____处。
3. 目前接触网主要用_____避雷器。

### 二、选择题

1. 正馈线用于 AT 供电区段,其符号为( )。
   A. F　　　　　B. AF　　　　　C. PW　　　　　D. CPW
2. 隔离开关倒闸作业人员的安全等级均不低于( )。
   A. 一级　　　B. 二级　　　　C. 三级　　　　D. 四级
3. 型号为 GW1-2×27.5D/1250GY 的隔离开关的额定电流为( )。
   A. 27.5A　　　B. 27.5kA　　　C. 1250A　　　D. 2000A

### 三、简答题

1. 简述隔离开关在接触网中的作用。
2. 简述隔离开关的操作步骤。
3. 简述避雷器在接触网中的作用。
4. 简述电连接的作用。
5. 电连接安装有哪些技术要求?
6. 简述接触网的附加线索及其作用。

### 四、训练题

在接触网演练场进行隔离开关的实操训练。

### 五、思考题

青年人是铁路的未来,肩负着铁路改革和发展的历史使命。请大家思考,作为铁路青年职工,如何把践行新时期铁路精神贯穿到日常生活和工作中。

# 项目三

# 接触网工基本技能训练

## ❂ 项目描述

本项目主要介绍接触网平面布置图、接触网安装图、接触网供电示意图识读,接触网零部件认知,接触网常用工具及仪器仪表的使用方法等接触网工程识读方面的知识,为接触网施工、运行、检修、故障抢修提供主要技术依据,通过任务实施,强化知识点的掌握。

## ◎ 学习目标

**知识目标**

1. 掌握接触网常用图形符号;
2. 熟悉接触网平面布置图、安装图、供电示意图的结构、内容及识读方法;
3. 掌握常用接触网零部件的结构、作用;
4. 掌握接触网常用工具及仪器仪表的使用方法。

**能力目标**

1. 能够正确识读接触网平面布置图、安装图,识别接触网供电示意图;
2. 能够熟练认知常用接触网零部件;
3. 能够熟练使用接触网常用工具及仪器仪表。

**素质目标**

1. 通过学习养成较强的安全意识和自我行为约束能力;
2. 通过项目学习养成吃苦耐劳、敬业奉献的精神和团队合作意识;
3. 通过工程识图训练树立精益求精的工匠精神。

## ❈ 建议课时

8~10课时。

# 任务一　接触网工程图识读

## 任务单

| 任务名称 | 接触网工程图识读 | 工单号 | |
|---|---|---|---|
| 姓名 | | 学号 | |
| 班级 | | 日期 | |
| 拟完成工作任务：<br>(1)掌握接触网区间、站场、隧道等平面图布置的结构、内容及识读方法。<br>(2)掌握接触网安装图的结构、内容及识读方法。<br>(3)掌握接触网供电示意图的结构、内容及识读方法 ||||
| 学习重点：接触网平面布置图、安装图、供电示意图 ||||
| 学习难点：接触网平面布置图 ||||
| 教学所需设备：接触网模拟仿真沙盘、接触网演练场视频、指导作业文件、图纸 ||||

## 知识学习

### 一、接触网平面布置图识读

接触网平面布置图是指使用国家铁路主管部门规定的电气化铁路接触网图形符号来表示接触网各种设备和结构的平面布置图。它具体描述了接触网的技术参数、技术性能和设备安装位置，综合了接触网结构、设备、设计计算、平面图绘制等内容，反映了接触网设计的主要技术原则，是接触网施工、运营和维修的主要技术依据。

1. 接触网平面布置图

(1)接触网平面布置图包括站场平面布置图、区间平面布置图和隧道内平面布置图三大类，基本布局由图框、图标、平面布置图、附栏、主要工程数量及材料设备表、说明、会签栏等内容组成，一般根据线路按比例尺为1∶1000或1∶2000绘制。接触网平面布置图样如图3-1所示。

(2)接触网平面布置图不仅应明确地标出支柱号码、接触网布置走向、锚段长度、跨距长度、拉出值的大小及方向、线路情况等，而且为了便于施工和交付运营后进行维修和管理，在平面布置图的下方(或上方)附有表格栏，在平面布置图的右侧附有说明及材料统计表等。

(3)接触网平面布置图中的说明是对设计方案、设计原则、设计依据、接触网悬挂类型、技术要求、接触线高度、接地要求、选用材料规格及性能以及其他应该特别指出和注意事项等进行的补充说明。站场的咽喉区布局比较复杂，为了清楚地表明接触网走向和定位，一般都应绘出其局部放大图。接触网图形符号见表3-1。

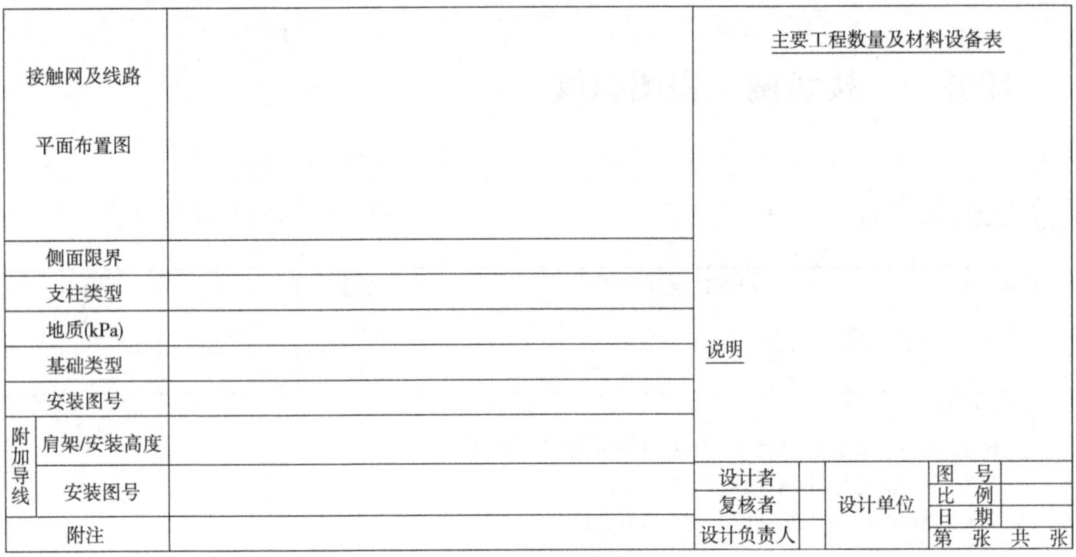

| 接触网及线路平面布置图 | | 主要工程数量及材料设备表 | | | |
|---|---|---|---|---|---|
| 侧面限界 | | 说明 | | | |
| 支柱类型 | | | | | |
| 地质(kPa) | | | | | |
| 基础类型 | | | | | |
| 安装图号 | | | | | |
| 附加导线 | 肩架/安装高度 | | 设计者 | 设计单位 | 图 号 |
| | 安装图号 | | 复核者 | | 比 例 |
| | | | | | 日 期 |
| | 附注 | | 设计负责人 | | 第 张 共 张 |

图 3-1 接触网平面布置图图样

**接触网图形符号** 表 3-1

1. 本标准适用于一般站场和区间接触网平面布置图。
2. 本标准采用的线条宽度规定为以下三种：
   (1) 粗型 ——————— 宽度为 0.9mm。
   (2) 中型 ——————— 宽度为 0.6mm。
   (3) 细型 ——————— 宽度为 0.3mm。
3. 符号中所注尺寸均以 mm 计，适用于比例尺为 1∶1000 及 1∶2000 的接触网平面布置图。

| 序号 | 名称 | 符号 | 序号 | 名称 | 符号 |
|---|---|---|---|---|---|
| 1 | 电化站场正线 | | 11 | 接触线、供电线硬锚 | |
| 2 | 电化站线及段管线 | | 12 | 股道间电连接 | |
| 3 | 预备线路 | | 13 | 常分隔离开关 | |
| 4 | 非电化既有线 | | 14 | 常合隔离开关 | |
| 5 | 非工作支、供电线 | | 15 | 带接地刀闸的常分隔离开关 | |
| 6 | 加强线 | | 16 | 带接地刀闸的常合隔离开关 | |
| 7 | 回流线 | | 17 | 管形避雷器 | |
| 8 | 正馈线(AF线) | | 18 | 火花间隙 | |
| 9 | 保护线(PW线) | | 19 | 放电器 | |
| 10 | 架空线(GW线) | | 20 | 接地极 | |

续上表

| 序号 | 名称 | 符号 | 序号 | 名称 | 符号 |
|---|---|---|---|---|---|
| 21 | 站场单线腕臂钢支柱 |  | 45 | 支柱处路基为填方 |  |
| 22 | 站场单线腕臂水泥柱 |  | 46 | 支柱处路基为挖方 |  |
| 23 | 区间单线腕臂水泥柱 |  | 47 | 跨距长度 | 65 |
| 24 | 区间单线腕臂钢支柱 |  | 48 | 土壤安息角 | 30° |
| 25 | 站场单线腕臂水泥支柱 | $d\!=\!2.5\ d\!=\!\frac{2.5\,(1/2000)}{4.0\,(1/1000)}$ | 49 | 土壤承压力 | 2.0 |
| 26 | 站场双线腕臂钢支柱 |  | 50 | 拉出值及方向 | 300 （或 ） |
| 27 | 站场水泥柱软横跨 |  | 51 | 吸上线位置 |  |
| 28 | 站场钢支柱软横跨 |  | 52 | 吸流变压器 |  |
| 29 | 站场钢支柱硬横跨 |  | 53 | 水鹤 |  |
| 30 | 承力索硬锚 |  | 54 | 通过高柱色灯信号机 |  |
| 31 | 接触线补偿下锚 |  | 55 | 进站高柱色灯信号机 |  |
| 32 | 承力索补偿下锚 |  | 56 | 区间公里标 |  |
| 33 | 链形悬挂硬锚 |  | 57 | 区间长(短)标记 | 114.5  4 |
| 34 | 半补偿链形悬挂下锚 |  | 58 | 小桥、涵渠 |  |
| 35 | 全补偿链形悬挂下锚 |  | 59 | 非绝缘锚段关节 |  |
| 36 | 加强线下锚 |  | 60 | 绝缘锚段关节 |  |
| 37 | 回流线下锚 |  | 61 | 站场全补偿链形悬挂中心锚结 |  |
| 38 | 分段绝缘子串 |  | 62 | 半补偿链形悬挂中心锚结 |  |
| 39 | 分段绝缘器 |  | 63 | 区间全补偿链形悬挂中心锚结 |  |
| 40 | 分相绝缘器 |  | 64 | 站场全补偿防串中心锚结 |  |
| 41 | 站场曲线及头尾 | R-L-I | 65 | 有限界门的平交道 |  |
| 42 | 区间曲线及头尾 | R-L-I | 66 | 托盘式路基墙 |  |
| 43 | 回流线跨越接触悬挂 |  | 67 | 路肩挡墙 |  |
| 44 | 道岔及编号 | N39 | 68 | 仓库 |  |

续上表

| 序号 | 名称 | 符号 | 序号 | 名称 | 符号 |
|---|---|---|---|---|---|
| 69 | 雨棚 | | 76 | 地道 | |
| 70 | 电力机车检查坑 | | 77 | 站场隧道 | |
| 71 | 架空水槽、水管 | | 78 | 区间隧道 | |
| 72 | 设计电化线路在桥下面的立交桥 | | 79 | 隧道内绝缘关节 | |
| 73 | 上承式或电化线路在上的立交桥、拱桥等 | | 80 | 隧道内非绝缘关节 | |
| 74 | 下承式栓焊梁桥 | | 81 | 接触网起测点 | |
| 75 | 天桥 | | 82 | 接触网工区 | |

**2. 区间接触网平面布置图**

区间接触网平面布置图与站场接触网平面布置图基本相同，区间接触网平面布置图要比站场简单，它的比例一般为1:2000。在复线区段区间平面布置图上应标明上下行区间，在线路并行的情况下，支柱布置可考虑在线路的同一垂直面上。

区间接触网平面布置图应标明区间信号机的位置，在实际施工时注意对信号机位置的核对。区间接触网支柱一般从站场四跨外第一根支柱算起，其工作量统计从1号柱开始，而接触悬挂长度则应根据锚段长度累计，如图3-2所示。

**3. 隧道内接触网平面布置图**

隧道内接触网平面布置图是专供隧道内接触悬挂使用的，图中除接触网平面布置图标注的内容，还应标注的内容包括：

(1)悬挂点间跨距。
(2)悬挂点的数量及位置。
(3)安装埋入孔的位置。
(4)定位点的配置。
(5)锚段关节及中心锚结的具体位置。

隧道内接触网平面布置图的说明应包括所设计区段隧道的净空高度，所采用的悬挂类型，是否需要对隧道进行开挖，开挖的尺寸及位置，如图3-3所示。

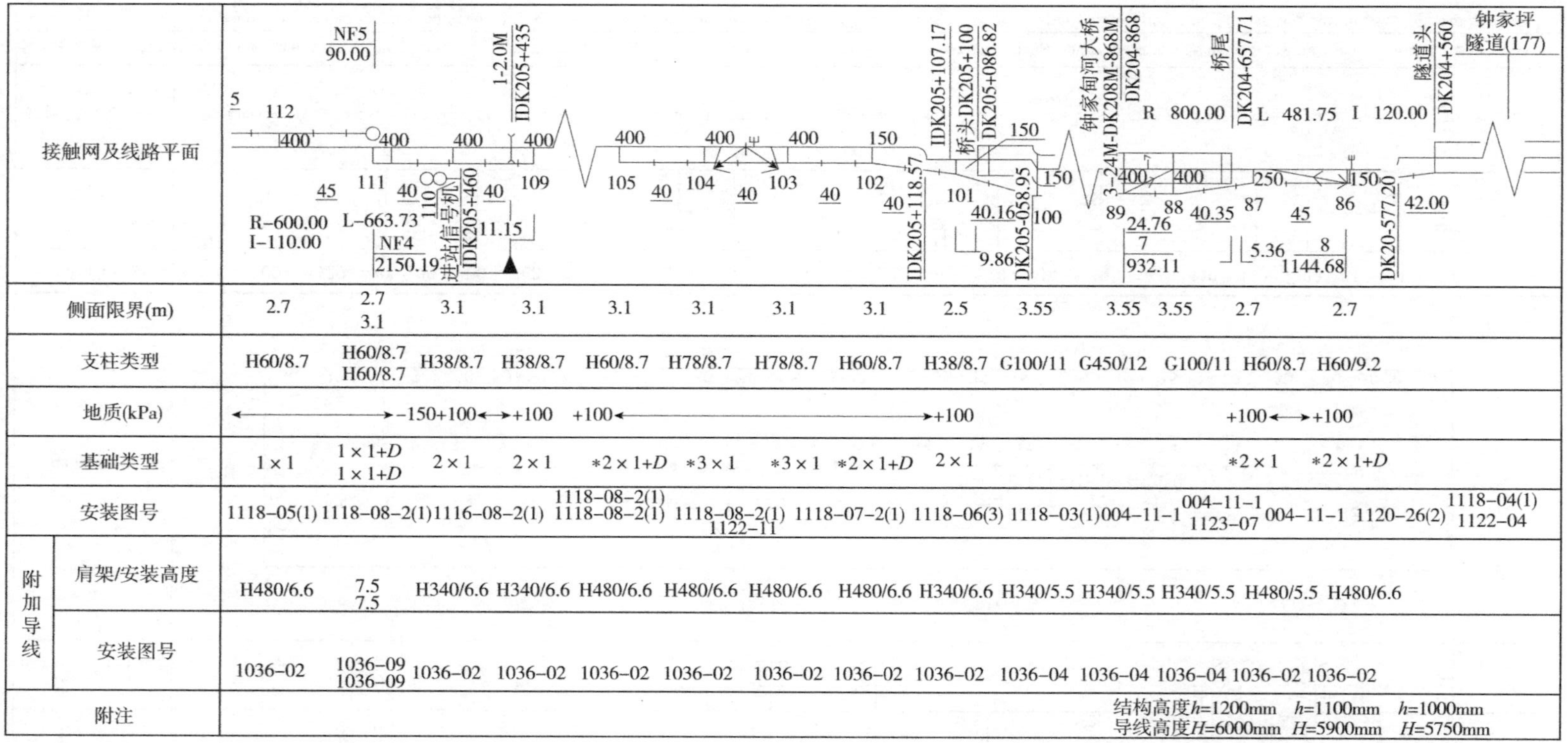


图3-2　区间接触网平面图

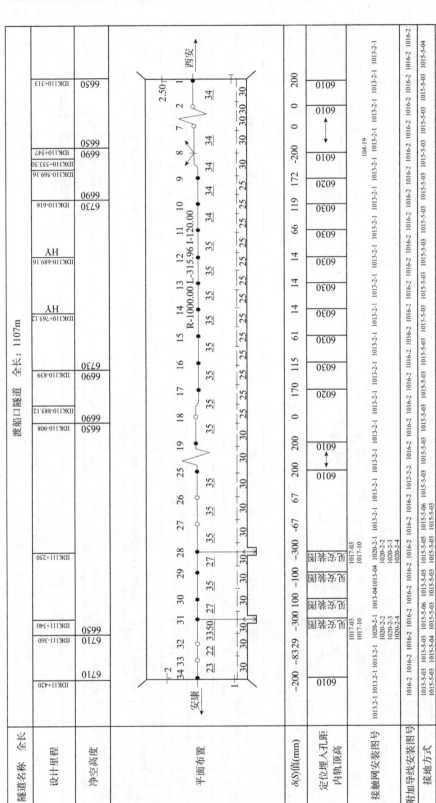

图13-3 隧道接触网平面图(尺寸单位:mm)

## 二、接触网安装图识读

接触网安装图是施工及运营维护的重要依据,主要有接触悬挂安装图、软横跨安装图、隧道悬挂安装图、硬横跨安装图、附加悬挂安装图、设备安装图等。接触网安装图主要有安装结构及安装尺寸图示、表格栏、材料统计表、说明、图标等内容。

### 1. 识图步骤方法

各种类型的安装图的识图方法基本相同,这里以支柱安装图为例进行介绍。支柱安装图的一般识图步骤如下:

(1)根据接触网平面布置图表格栏中的腕臂柱安装图号,查找相关的安装图册。

(2)从安装图册中的"目录"栏中查找该安装图所在的页码,找到该安装图。

(3)熟悉该安装图册中"说明"的内容,了解该图册的使用范围及设计原则等。

(4)根据该安装图表格先确认图号及安装图的名称是否和平面布置图中的一致,并了解该安装图的其他信息,如比例尺、制图者、开工日期等。

(5)熟悉安装图的"说明"内容,了解该安装图的使用范围及要求。

(6)识读安装结构及安装尺寸图示,从该图示中了解该直线中间柱正定位的安装结构及部分安装尺寸(上下底座距离为1800mm,结构高度为1400mm,导高为6000mm),腕臂、定位管及支撑的长度要在现场直接采集相关数据,再进行计算确定。

(7)由安装图的材料统计表了解该安装结构图中每个编号具体采用的是什么型号的零部件。

### 2. 安装图例

某普速铁路线路中间柱直线正定位安装图如图3-4所示,安装图材料统计见表3-2。某高速铁路线路直线中间柱装配结构示意图如图3-5所示。

安装图材料统计表  表3-2

| 序号 | 名称 | 单位 | 数量 | 序号 | 名称 | 单位 | 数量 |
|---|---|---|---|---|---|---|---|
| 1 | 腕臂上底座 | 套 | 1 | 11 | 1.5型支撑管卡子 | 套 | 1 |
| 2 | 棒式绝缘子 | 套 | 1 | 12 | 1.5型管帽 | 套 | 1 |
| 3 | 平腕臂 | 套 | 1 | 13 | 限位定位器 | 套 | 1 |
| 4 | 套管双耳 | 套 | 1 | 14 | 定位线夹 | 套 | 1 |
| 5 | 承力索座 | 套 | 1 | 15 | 棒式绝缘子 | 套 | 1 |
| 6 | 2型管帽 | 套 | 1 | 16 | 腕臂下底座 | 套 | 1 |
| 7 | X腕臂 | 套 | 1 | 17 | 2型支撑管卡子 | 套 | 1 |
| 8 | 2型定位环 | 套 | 1 | 18 | 预绞丝保护条 | 套 | 1 |
| 9 | 1.5型定位管 | 套 | 1 | 19 | 腕臂支撑 | 套 | 1 |
| 10 | 定位管支撑 | 套 | 1 | | | | |

| 主管工程师 | ×× | ××集团××工程有限公司<br>××段电气化公司接触网中间柱安装图<br>直线正定位安装 | 图号 | ××地图 |
|---|---|---|---|---|
| 项目负责人 | ×× | | 比例尺 | 1:25 |
| 总工程师 | ×× | | 开工日期 | 2018年9月 |
| 公司负责人 | ×× | | 竣工日期 | 2019年10月 |
| | | | 制图者 | ×× |
| 监理工程师 | ×× | | 复核 | ×× |

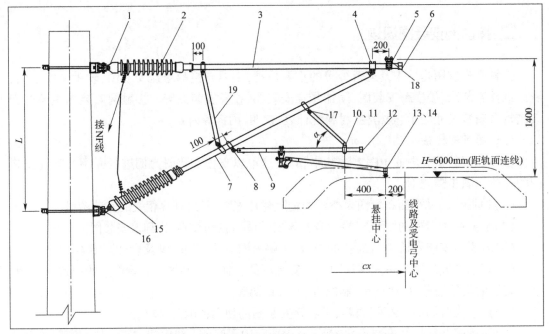

图 3-4 某普速铁路线路中间柱直线正定位安装图(尺寸单位:mm)

$cx$-侧面限界；$H$-导高；NF-回流线；$\alpha$-定位管安装角度；$L$-平腕臂和斜腕臂固定点的距离

说明:(1)本图为支柱在直线区段中间柱正定位安装图。

(2)当采用单绝缘方式时,图中去掉接地跳线,将绝缘子改为 QBJ-25/12 及 QBJ-25S/12。

(3)支持结构安装完毕后,水平腕臂端部留150mm余量,其余截掉。

(4)安装定位管支撑时,安装角度为30°~60°。

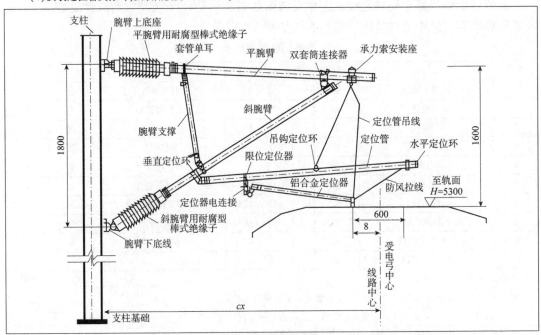

图 3-5 某高速铁路线路直线中间柱装配结构示意图(尺寸单位:mm)

$cx$-侧面限界；$H$-导高

### 三、接触网供电示意图识读

1. 供电示意图的作用

接触网供电示意图将管辖内的主要设备及其安装位置等信息记录下来，如桥梁、隧道、变电所、分区所(亭)、开闭所、车站等的公里标，馈线情况、电分段布置情况，设备、线路编号，上下行标记等。当某个区段发生事故时，维修班组能从中快速找出事故地点及相应的设备，从而快速了解事故的基本情况，结合竣工图纸又能快速找出事故所需备料，为抢修争取时间。而供电调度员又能根据供电示意图了解正常检修作业时的现场作业地点、作业范围，正确发布调度作业命令，实施正确的跨区供电方案等。图3-6所示为某车站局部供电示意图。

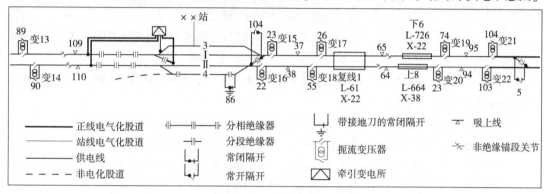

图3-6 某车站局部供电示意图

2. 供电示意图标注的内容

(1) 电分段。

被分段的接触网在电气方面是独立的，通常用隔离开关连接。当某区段发生事故或停电进行检修时，可以打开相应段的隔离开关使该区段无电，而不致影响其他段接触网的运行。

接触网分段有横向分段和纵向分段两种形式。接触网线路(或线群)之间所进行的分段称为横向分段，如站场内因各股道的作用不同而进行的分段。在复线或者多线路上，其正线之间一般采用分开供电的方式，以保证上下行线路电气方面的独立性。车站两端连接两条正线的渡线中间的分段就属于横向分段。接触网沿线路方向所进行的分段称为纵向分段，如在站场和区间衔接处所进行的分段。站场和区间的接触网应是各自独立的，因此在它们的连接处必须进行分段。

(2) 牵引变电所。

牵引变电所的作用是将由电力系统电网输送来的电能经主变压器降压，并把三相电源转换成两个单相电源，然后通过馈电线分别供给牵引变电所两侧的接触网。接触网通常在相邻两个牵引变电所的中央是断开的，将两个牵引变电所之间的接触网分成两个不同的供电分区，每个供电分区称为一个供电臂。变电所通过馈电线经隔离开关分别向牵引变电所两侧的上下行接触网供电，如图3-6所示。每个供电臂只从一端的牵引变电所获得电能的方式称为单边供电;同时从两个牵引变电所中获得电能的方式称为双边供电。

单边供电和双边供电都是正常的供电状态,还有一种非正常供电状态,称为越区供电,即当牵引变电所由于某种原因不能对供电臂正常供电时,该牵引变电所负担的供电臂通过分区所(亭)的有关开关设备,由两侧相邻的牵引变电所提供临时供电。越区供电只能保证客车或重要货车通过,是避免中断运输的临时性措施。

(3)分区所(亭)。

分区所(亭)设在两个牵引变电所的供电区中间,其作用是提高接触网末端电压水平、减少能耗以及必要时实现越区供电。分区所(亭)接线图如图3-7所示。利用分区所(亭)可实现并联供电以及对两相邻牵引变电所之间的接触网进行单边供电、双边供电或越区供电。

在与其他开关的配合下,分区所(亭)内的开关可以通过以下方式实行不同的供电方式:

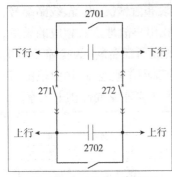

图3-7 分区所(亭)接线图

①当实现并联供电时,分区所(亭)内同侧上下行接触网间的断路器271、272闭合。

②当采用单边供电时,分区所(亭)两侧上下行隔离开关2701、2702打开。

③当采用双边供电时,分区所(亭)两侧上下行隔离开关2701、2702闭合。

④当相邻牵引变电所发生故障而不能继续供电时,将故障变电所退出,然后闭合分区所(亭)两侧上下行隔离开关2701、2702,由非故障牵引变电所实行越区供电。

## 🌀 任务实施

| 任务名称 | 接触网工程图识读 | | 工单号 | |
|---|---|---|---|---|
| 姓名 | | | 学号 | |
| 班级 | | | 日期 | |
| 操作任务：区间接触网平面布置图识读 | | | | |
| 操作中存在的问题及解决方法： | | | | |
| 项目 | 赋分 | 自评得分 | 互评得分 | 教师评分 |
| 知识理解正确 | 20 | | | |
| 处理方法得当 | 20 | | | |
| 表达清晰准确 | 20 | | | |
| 实施结果正确 | 40 | | | |
| 综合得分（自评得分10%，互评得分30%，教师评分60%） | | | | |

## 任务考核

### 一、填空题

1．接触网平面布置图包括_____、_____和隧道内平面布置图三大类。

2．基本布局一般根据线路_____或_____的比例绘制。

3．对于站场，其咽喉区的布置比较复杂，为了清楚地表明接触网走向和定位，一般都应对其绘出_____图。

### 二、选择题

1．图示  表示（    ）。

    A．断路器         B．常分隔离开关     C．常闭隔离开关    D．接地刀闸

2．区间接触网平面布置图要比站场接触网平面布置图简单，它的比例尺一般为（    ）。

    A．1∶500       B．1∶1000      C．1∶2000      D．1∶3000

### 三、简答题

1．什么是接触网平面布置图？

2．接触网平面布置图有哪几类？

3．接触网平面布置图"说明"栏包括了哪些内容？

4．隧道内接触网平面布置图标注了哪些专项内容？

5．各种平面布置图显示的比例尺分别是多少？

6．接触网安装图主要由哪几部分组成？

7．供电示意图中记录了哪些信息？

8．供电示意图对故障抢修有何作用？

9．分区所（亭）如何实现并联供电和越区供电？

### 四、训练题

京沪高铁作为中国运量最大、运输最繁忙的高铁成功实现持续安全运营，未发生责任行车事故和旅客伤亡事故，这与供电人的辛苦付出密不可分，请利用所学知识绘制该线路中间柱直线反定位安装图。

# 任务二　接触网零部件认知

## 任务单

| 任务名称 | 接触网零部件认知 | 工单号 | |
|---|---|---|---|
| 姓名 | | 学号 | |
| 班级 | | 日期 | |
| 拟完成工作任务:掌握接触网零部件的结构、功能 | | | |
| 学习重点:接触网零部件功能、结构及安装要求 | | | |
| 学习难点:接触网零部件安装要求 | | | |
| 教学所需设备:接触网模拟仿真沙盘、接触网演练场视频、指导作业文件、图纸 | | | |

## 知识学习

### 一、铝合金承力索座

铝合金承力索座如图3-8所示。其性能、用途如下:

(1)性能:水平工作荷载6.0kN,垂直工作荷载6.0kN,与腕臂的滑动荷载不小于6.0kN,与单根承力索的滑动荷载不小于2.0kN,垂直线路的水平拉伸破坏荷载不小于18kN,垂直向下破坏荷载不小于18kN。

(2)用途:安装在承力索前端,用于固定承力索。

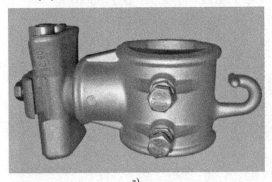 

a)　　　　　　　　　　　　　　b)

图3-8　铝合金承力索座

### 二、腕臂连接器

腕臂连接器如图3-9所示。其性能、用途如下:

(1)性能:水平工作荷载5.8kN,水平破坏荷载不小于17.4kN,垂直工作荷载4.9kN,垂直破坏荷载不小于 14.7kN,滑动荷载不小于 8.7kN。

(2)用途:用于平腕臂和斜腕臂的连接固定。

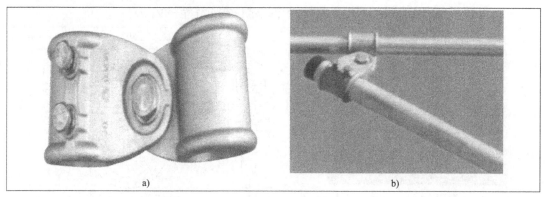

图 3-9　腕臂连接器

### 三、铝合金腕臂支撑

铝合金腕臂支撑如图 3-10 所示。其性能、用途如下:

(1)性能:零件破坏荷载不小于 15kN。

(2)用途:用于平腕臂和斜腕臂之间或斜腕臂和定位管之间的防风支撑管的连接固定。

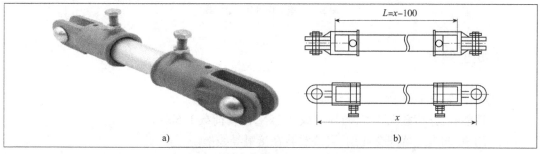

图 3-10　铝合金腕臂支撑(尺寸单位:mm)
$x$-定位管安装长度;$L$-定位管净长

### 四、铝合金套管单耳

铝合金套管单耳如图 3-11 所示。其性能、作用如下:

(1)性能:最大水平工作荷载 4.5kN,最大垂直工作荷载 4.9kN,滑动荷载不小于 6.75kN,水平破坏荷载 13.5kN,垂直破坏荷载 14.7kN。

(2)用途:安装在腕臂或定位管上,用于防风支撑管与腕臂或定位管的连接与固定。

### 五、矩形管铝合金定位器

矩形管铝合金定位器如图 3-12 所示。其性能、用途如下:

(1)性能:最大工作荷载3.0kN,耐拉伸荷载4.5kN,耐压缩荷载3.0kN,最大破坏荷载9.0kN。

(2)用途:安装于定位管上,用于将接触导线定位在工作范围内。

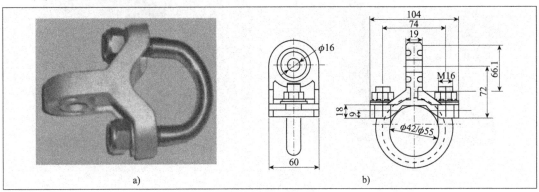

图3-11 铝合金套管单耳(尺寸单位:mm)

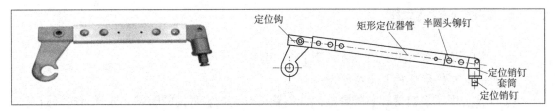

图3-12 矩形管铝合金定位器

## 六、定位线夹

定位线夹如图3-13所示。其性能、用途如下:

(1)性能:工作荷载3.0kN,破坏荷载9.0kN,滑动荷载1.5kN。

(2)用途:与定位器配套使用,直接安装在接触导线上。

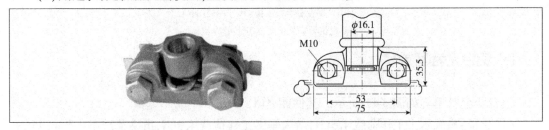

图3-13 定位线夹(尺寸单位:mm)
M10-定位线夹固定螺栓直径

## 七、铝合金定位支座

铝合金定位支座如图3-14所示。其性能、用途如下:

(1)性能:最大工作荷载3.0kN,滑动荷载不小于4.5kN,破坏荷载9.0kN。

(2)用途:安装在定位管上,与定位器配套使用,用于定位器与定位器之间的连接。

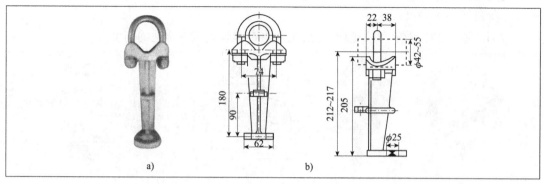

图 3-14　铝合金定位支座(尺寸单位:mm)

## 八、铝合金定位管

铝合金定位管如图 3-15 所示。其性能、用途如下:
(1)性能:最大工作荷载 4.5kN,破坏荷载不小于 13.5kN,耐拉伸荷载 6.75kN,耐压缩荷载 4.5kN。
(2)用途:安装在斜腕臂上,用于将定位器固定在一定的高度与工作范围内。

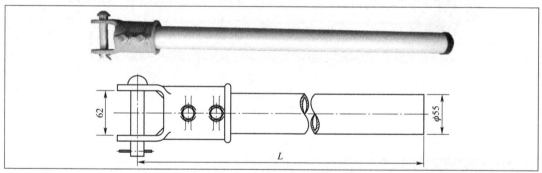

图 3-15　铝合金定位管(尺寸单位:mm)
L-定位管安装长度

## 九、拉线定位钩

拉线定位钩如图 3-16 所示。其性能、用途如下:
(1)性能:工作荷载 1.5kN,最小破坏荷载不小于 4.5kN。
(2)用途:安装在定位管前端,用于连接和固定斜拉线。

## 十、铝合金定位环

铝合金定位环如图 3-17 所示。其性能、用途如下:

(1)性能:最大工作荷载4.5kN,最大垂直工作荷载4.9kN,滑动荷载不小于6.75kN,水平破坏荷载不小于13.5kN。

(2)用途:安装在斜腕臂或定位管上,用于将定位管固定在合适的高度。

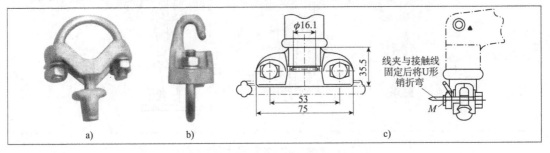

图3-16　拉线定位钩(尺寸单位:mm)

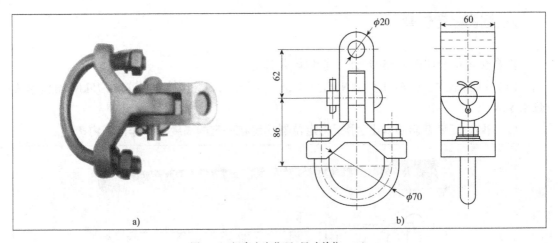

图3-17　铝合金定位环(尺寸单位:mm)

## 十一、锚支定位卡子

锚支定位卡子如图3-18所示。其性能、用途如下:

(1)性能:最大工作荷载4.5kN,破坏荷载不小于13.5kN,本零件与定位管之间的滑动荷载不小于6.75kN,与接触线之间的滑动荷载不小于4.0kN。

(2)用途:安装在定位管前端,用于固定非工作支接触线。

## 十二、防风拉线定位环

防风拉线定位环如图3-19所示。其性能、用途如下:

(1)性能:最大工作荷载1.5kN,破坏荷载不小于4.5kN。

(2)用途:安装在定位管上,用于连接和固定防风拉线。

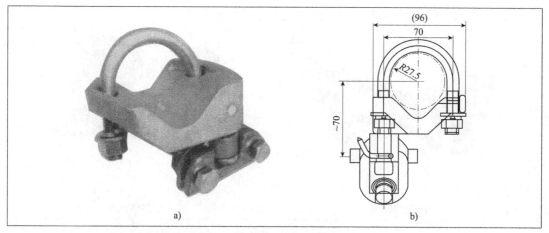

图3-18 锚支定位卡子(尺寸单位:mm)

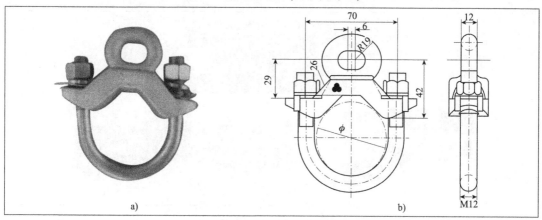

图3-19 防风拉线定位环(尺寸单位:mm)

## 十三、腕臂底座

腕臂底座如图3-20所示。其性能、用途如下:

(1)性能:最大水平工作荷载10kN,最大垂直工作荷载6kN,最大水平破坏荷载不小于30kN,最大垂直破坏荷载不小于18kN。

(2)用途:安装在支柱上,将腕臂固定在支柱的一定高度。

## 十四、接触线电连接线夹

接触线电连接线夹如图3-21所示。其性能、用途如下:

(1)性能:过负荷电热循环试验后,线夹与导线连接处两端点之间的电阻不大于同等长度被连接导线的电阻,线夹与导线连接处的温升不大于被连接导线的温升,线夹的载流量应不小于被连接导线的载流量,压接后线夹与接触线的滑动荷载不小于2.0kN,与电连接线的滑动荷载不小于2.0kN。

(2)用途:用于电连接线和接触导线之间的连接和固定。

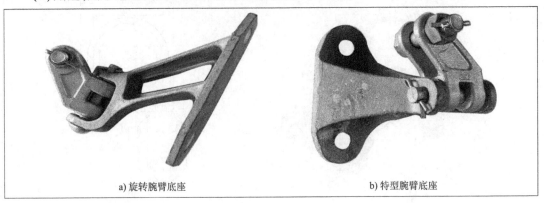

图 3-20　腕臂底座

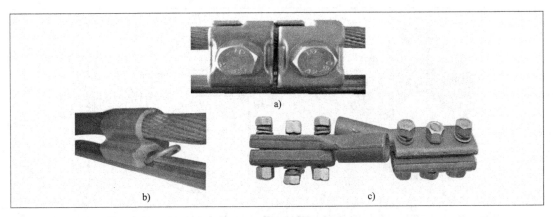

图 3-21　接触线电连接线夹

## 十五、承力索电连接线夹

承力索电连接线夹如图 3-22 所示。其性能、用途如下:

(1)性能:过负荷电热循环试验后,线夹与导线连接处两端点之间的电阻不大于同等长度被连接导线的电阻,线夹与导线连接处的温升不大于被连接导线的温升,线夹的载流量应不小于被连接导线的载流量,压接后线夹与承力索的滑动荷载不小于 2.0kN,与电连接线夹的滑动荷载不小于 2.0kN,并沟电连接线夹与软铜绞线间的滑动荷载不小于 2.0kN。

(2)用途:用于电连接线和承力索之间的连接和固定。

## 十六、承力索中心锚结线夹

承力索中心锚结线夹如图 3-23 所示。其性能、用途如下:

(1)性能:最大水平工作荷载为承力索额定工作张力的 1.05 倍,承力索中心锚结线夹与承力索及中心锚结绳间的滑动荷载应不小于承力索额定工作张力的 1.05 倍,与接触线中心锚结绳间的滑动荷载在接触线中心锚结绳拉断力的95%范围内,接触线中心锚结绳不应从承力索中心锚结线夹中滑脱。

(2)用途:用于中心锚结绳和承力索之间的连接和固定。

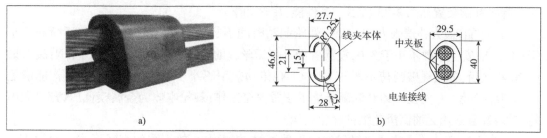

图 3-22　承力索电连接线夹(尺寸单位:mm)

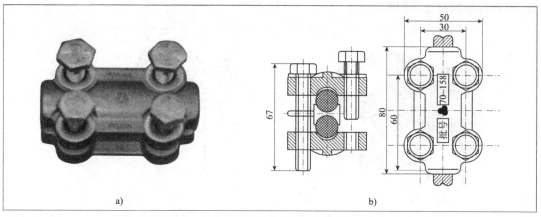

图 3-23　承力索中心锚结线夹(尺寸单位:mm)

## 十七、接触线中心锚结线夹

接触线中心锚结线夹如图 3-24 所示。其性能、用途如下:

(1)性能:最大水平工作荷载为接触线额定工作张力的 1.05 倍,与接触线的滑动荷载应不小于接触线额定工作张力的 1.05 倍,与接触线中心锚结绳之间的滑动荷载,在接触线中心锚结绳标称拉断力的 95% 范围内,接触线中心锚结绳不应从线夹中滑脱。

(2)用途:用于中心锚结绳和接触导线之间的连接和固定。

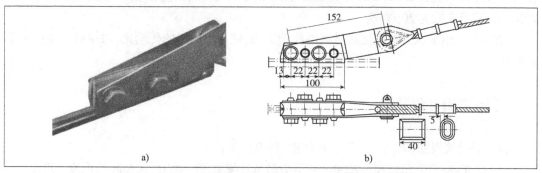

图 3-24　接触线中心锚结线夹(尺寸单位:mm)

### 十八、棘轮补偿装置

棘轮补偿装置如图3-25所示。其性能、用途如下：

（1）性能：最大补偿张力31.5kN；棘轮制动时间不超过200ms；整体拉伸破坏荷载不小于94.5kN；安全系数不小于3.0；浸沥青型补偿钢丝绳的综合拉断力不小于75.4kN；疲劳试验2000次后，补偿绳破断值不小于67.86kN；传动效率不小于97%；棘轮整体结构能满足130K温差补偿，并能在-40℃低温环境下正常安全工作；棘轮本体为金属模低压铸造，大小轮带槽；装置采用无油润滑免维护棘轮结构。

（2）用途：用于承力索或接触导线的终端下锚，依靠大小轮不同的直径形成不同的传动比，对接触悬挂施加不同的张力。

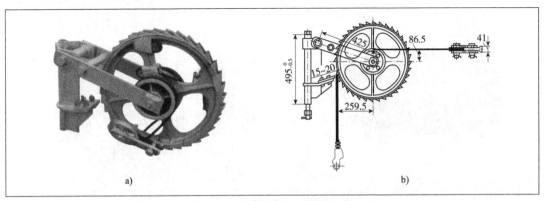

图3-25　棘轮补偿装置(尺寸单位：mm)

### 十九、滑轮组下锚装置

滑轮组下锚装置如图3-26所示。其性能、用途如下：

（1）性能：传动比为1.3；坠砣上升时传动效率不小于97%，下降时传动效率不小于98%；工作荷载不小于27.5kN；破坏荷载不小于82.5kN；补偿绳两端楔形线夹的拉伸破坏荷载不小于54kN；补偿绳直径为$\phi 9.5$mm；结构为$8\times 29$Fi+PWRC的浸沥青镀锌复合钢丝绳；接触悬挂锚段长度为$2\times 950$m；补偿温度范围为-50~80℃；滑轮轴螺母的紧固力矩为59~70N·m；疲劳次数为20000次。

（2）用途：用于承力索或接触导线的终端下锚，依靠滑轮组的传动比，对接触悬挂施加不同的张力。

### 二十、弹簧补偿装置

弹簧补偿装置如图3-27所示。其性能、用途如下：

（1）性能：额定工作行程>2000mm，适应最低环境温度-40℃、最高环境温度40℃。

(2)用途:用于承力索或接触导线的终端下锚,依靠弹簧储能机构对接触悬挂施加不同的张力。

图3-26 滑轮组下锚装置

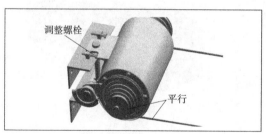

图3-27 弹簧补偿装置

### 二十一、150型接触线终端锚固线夹

150型接触线终端锚固线夹如图3-28所示。其性能、用途如下:

(1)性能:最大工作荷载为被连接导线额定工作张力的1.05倍;拉伸破坏荷载不小于最大工作荷载的3倍,滑动荷载在所连接接触线标称拉断力的95%范围内。接触线不应从线夹中滑脱或在线夹内和线夹端口处断线。滑动荷载试验应反复进行3次,每次均能满足上述要求。

(2)用途:安装在接触导线端头,用于导线终端下锚和下锚绝缘子或耳环杆的连接。

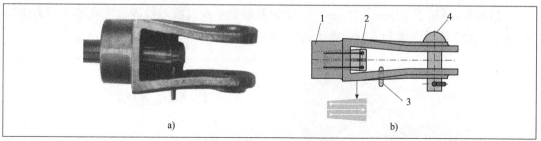

图3-28 150型接触线终端锚固线夹
1-螺纹锥套;2-楔子;3-销钉;4-开口销

### 二十二、120型及85型接触线终端锚固线夹

120型及85型接触线终端锚固线夹如图3-29所示。其性能、用途如下:

(1)性能:最大工作荷载是被连接导线额定工作张力的1.05倍,拉伸破坏荷载不小于最大工作荷载的3倍,滑动荷载在所连接接触线标称拉断力的95%范围内。接触线不应从线夹中滑脱或在线夹内和线夹端口处断线。滑动荷载试验应反复进行3次,每次均能满足上述要求。

(2)用途:安装在接触导线端头,用于导线终端下锚和下锚绝缘子或耳环杆的连接。

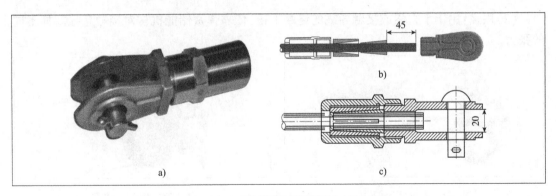

图 3-29　120 型及 85 型接触线终端锚固线夹(尺寸单位:mm)

## 二十三、承力索终端锚固线夹

承力索终端锚固线夹如图 3-30 所示。其性能、用途如下:

(1)性能:最大工作荷载不小于被连接导线额定工作张力的 1.05 倍,滑动荷载在所连接绞线标称拉断力的 95% 范围内。拉伸破坏荷载不小于最大工作荷载的 3 倍。绞线不应从线夹中滑脱或在线夹端口内断线。滑动荷载试验应反复进行 3 次,每次均能满足上述要求。

(2)用途:适用于 120$mm^2$、70$mm^2$、5$mm^2$ 铜及铜合金绞线终端锚固处。安装在承力索端头,用于承力索终端下锚和下锚绝缘子或耳环杆的连接。

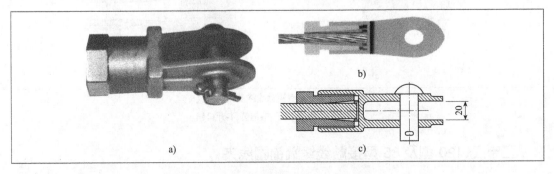

图 3-30　承力索终端锚固线夹(尺寸单位:mm)

## 二十四、弹性吊索线夹

弹性吊索线夹如图 3-31 所示。其性能、用途如下:

(1)性能:弹性吊索线夹的工作荷载为 3.5kN,弹性吊索线夹的破坏荷载不小于 10.5kN,弹性吊索线夹与弹性吊索及承力索间的滑动荷载不小于 5.25kN。

(2)用途:安装在接触悬挂的承力索上,用于弹性吊索及承力索之间的固定。

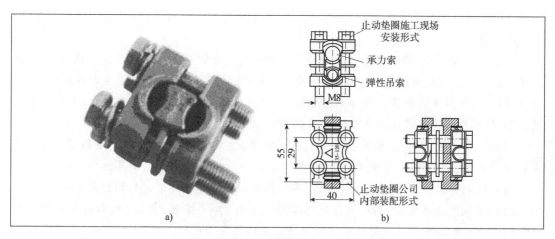

图 3-31　弹性吊索装置(尺寸单位:mm)

## 知识拓展

**高速铁路相关技术术语**

(1)高速铁路:设计速度250km/h(含预留)及以上、运行动车组列车,且初期运营速度不小于200km/h的客运专线铁路。

(2)综合调度系统:指高速铁路列车安全运行组织与管理、基础设施维护、动车组运用管理、安全监控及旅客信息服务等的集成系统,由运输计划、列车调度、动车调度、供电调度、旅客服务调度、综合维修调度等六个子系统组成。

(3)综合接地系统:高铁整体结构复杂,涉及专业多,受限于地质地形,因而设置综合接地系统,以降低钢轨电位,保证人身安全,满足EN50122的相关要求。

(4)受电弓接触压力:为保证能流通一定的负荷电流,受电弓和接触网之间必须有一定的接触压力,它是由受电弓升弓系统施加于集电头而产生的。

(5)导线平顺度:考核放线质量的重要指标,指1m范围内导线的最大偏离误差值,可用导线平顺度测试仪测量。

(6)离线率:受电弓和接触网的相互作用,产生特定形态的振动。剧烈时,可以造成受电弓滑板与接触导线脱离,形成离线。受电弓运行单位距离产生离线的次数和离线长度之比称为离线率。

(7)燃弧率:受电弓运行单位距离产生可见电弧的次数和电弧长度之比称为燃弧率。

(8)受流质量:受电弓集电头和接触网间流通负荷电流的流畅程度。受流质量取决于受电弓和接触网之间的相互作用。

(9)受流稳定性:提高受流稳定性是保障列车安全运行、提高列车速度的前提之一,受电弓与接触网在动态情况下相互耦合、相互作用的机理决定了受流的稳定性。

(10)动态抬升量:当列车以最高设计速度运行时,接触悬挂在受电弓作用下所能达到的极限抬升量。

(11)波动传播速度:受电弓和接触悬挂之间的相互作用会产生振动波动,这个波动的传播速度是接触网的重要参数,波动传播速度越高适应高速能力越强,它和接触导线张力、单位长度质量有关。

(12)多普勒效应:物体辐射的波长因为光源和观测者的相对运动而产生变化,在运动的波源前面,波被压缩,波长变得较短,频率变得较高;在运动的波源后面,产生相反的效应,波长变得较长,频率变得较低。波源的速度越高,所产生的效应越大,根据光波红/蓝移动的程度,可以计算出波源循着观测方向运动的速度。

(13)恒张力放线:在接触网线索(导线、承力索)放线施工中,采用的一种施工工艺。使线索在展放过程中一直保持恒定的张力,来保证放线过程不产生导线硬点。

(14)接触网动态检测:利用动态检测车对接触网动态运行参数进行动态测量的过程。

(15)接触网光学检测:利用接触网光学检测系统,在不接触(接触)接触线的情况下对接触网进行的检测过程。检测可以在低速或高速的情况下进行。

## 任务实施

| 任务名称 | 接触网零部件认知 | 工单号 | |
|---|---|---|---|
| 姓名 | | 学号 | |
| 班级 | | 日期 | |
| 操作任务:接触网零部件识读、拆装、组装 ||||
| 操作中存在的问题及解决方法: ||||
| 项目 | 赋分 | 自评得分 | 互评得分 | 教师评分 |
| 知识理解正确 | 20 | | | |
| 处理方法得当 | 20 | | | |
| 表达清晰准确 | 20 | | | |
| 实施结果正确 | 40 | | | |
| 综合得分(自评得分10%,互评得分30%,教师评分60%) |||||

## 任务考核

**一、填空题**

1. 安装于定位管上,用于将接触导线定位在工作范围内的是_____。
2. 与定位器配套使用,直接安装在接触导线上的是_____。
3. 棘轮补偿装置的传动比为_____。

**二、选择题**

1. 用于电连接线和接触导线之间的连接和固定的零部件是(　　)。
   A. 接触线电连接线夹　　　　　B. 承力索电连接线夹
   C. 定位线夹　　　　　　　　　D. 吊索线夹

2. 用于平腕臂和斜腕臂的连接固定的零部件是(　　)。
   A. 承力索座　　　　　　　　　B. 铝合金套管座
   C. 定位线夹　　　　　　　　　D. 吊索线夹

3. 安装在定位管上,用于连接和固定防风拉线的零部件是(　　)。
   A. 防风拉线定位环　　　　　　B. 定位卡子
   C. 定位支座　　　　　　　　　D. 中锚线夹

**三、训练题**

请结合所学知识完成高铁接触网悬挂、支持装置、定位装置零部件识读,并选取合适的零部件和工具进行支持定位装置的地面装配。

# 任务三　接触网常用工具及仪器使用

## 任务单

| 任务名称 | 接触网常用工具及仪器使用 | 工单号 | |
|---|---|---|---|
| 姓名 | | 学号 | |
| 班级 | | 日期 | |
| 拟完成工作任务:掌握高速铁路接触网常用工具仪器的功能及使用方法 | | | |
| 学习重点:接触网常用检调工具、测量仪器的功能及使用方法 | | | |
| 学习难点:接触网施工工具的功能及使用方法 | | | |
| 教学所需设备:接触网模拟仿真沙盘、接触网演练场、常用工具仪器 | | | |

## 知识学习

### 一、力矩扳手

力矩扳手如图3-32所示。

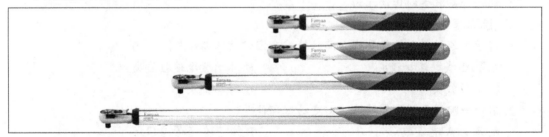

图3-32　力矩扳手

**1. 用途**

用于螺母的紧固,力矩范围为20~100N·m。

**2. 使用方法**

(1)根据工件所需力矩值要求,确定预设力矩值。

(2)预设力矩值时,将扳手手柄上的锁定环向下拉,同时转动手柄,调节标尺主刻度线和微分刻度线数值至所需力矩值。调节好后,松开锁定环并锁定。

(3)在扳手上装上相应规格的套筒,并套住紧固件,在手柄上缓慢用力。施加外力时,必须按标明的箭头方向用力。当拧紧到听到"咔嗒"声(已达到预设力矩值)时,停止加力,一次作业完毕。

(4)使用大规格力矩扳手时,可外加接长套杆,以便操作省力。
(5)若力矩扳手长期不用时,则应调节标尺刻度线至力矩最小数值处。

3. 注意事项

(1)拆卸紧固的螺栓或螺母时,力矩扳手的尾端禁止加接套管。
(2)达到预置力矩时,当听到"咔嗒"声后立即停止施力,以保证精度,延长使用寿命。
(3)力矩扳手施力时不应调节正反转。
(4)力矩扳手须专人保管及操作,每年进行校准以保证其精度。

4. 保养方法

(1)放在干燥的地方,不宜放在潮湿的地方保存。
(2)应避免接触水或尘土,切勿将力矩扳手置于液体中,以免损坏其部件。

## 二、卡线器

1. 型号及用途

(1)型号:30GL0822[图3-33a)]。用途:用于接触线、承力索、坠砣补偿绳调整的抓紧。安全负荷:3t。适用线径:$\phi 8 \sim 22$mm。

(2)型号:20GL0822[图3-33b)]。用途:用于接触线、承力索、坠砣补偿绳调整的抓紧。安全负荷:2t。适用线径:$\phi 4 \sim 22$mm。

(3)型号:40A0822[图3-33c)]。用途:用于接触线、承力索、坠砣补偿绳调整的抓紧。安全负荷:4t。适用线径:$\phi 20 \sim 35$mm。

a) 卡线器型号:30GL0822　　b) 卡线器型号:20GL0822　　c) 卡线器型号:40A0822

图3-33　卡线器

2. 使用方法

(1)打开挡板,将导线放入钳口。
(2)用钳口的上齿和下齿卡紧导线,用手拉动腕臂使卡线器受力。
(3)闭合挡板使卡线器在导线上不滑、不脱。

3. 注意事项

(1)根据不同的导线和导线的张力选择不同的卡线器,确保卡线器在其使用范围内使用。
(2)当卡线器主体部分有断裂、严重破损或变形时,勿使用。
(3)不要把卡线器与超出安全工作荷载的紧线器连在一起工作。
(4)当导线的最大使用负载比卡线器的最大使用负载小时,勿施加大于导线的最大使用负载的力量。

(5)勿对卡线器进行分解、改造或将其用于施工目的以外的场合。

(6)在进行紧线操作时,应检查导线是否已经被卡线器主体部分和钳口部分卡住。

**4.保养方法**

(1)当长期卡硬质材料和软质材质且对上齿和下齿造成磨损或堵塞时,应使用钢刷清除污垢,如齿口已严重磨损或无法清除污垢,需更换新的上齿和下齿。

(2)放在干燥的地方,不宜放在潮湿的地方保存。

### 三、合金链条紧线器

合金链条紧线器如图3-34所示。

图3-34　铝合金链条紧线器

**1.型号及用途**

(1)型号:RICKY-3。用途:用于接触线、承力索、坠砣补偿绳调整的紧线。工作能力:1.5t。链条直径:φ5mm。操作杆长度:230mm。

(2)型号:RICKY-30。用途:用于接触线、承力索、坠砣补偿绳调整的紧线。工作能力:3t。链条直径:φ5mm。操作杆长度:430mm。

(3)型号:P4000。用途:用于接触线、承力索、坠砣补偿绳调整的紧线。工作能力:4t。链条直径:φ5mm。操作杆长度:430mm。

**2.使用方法**

(1)自由挡:将切换棘爪放于N位置,并放开制动爪,同时手指按住防逆棘爪,链条可来回自由拉动。

(2)牵引:将切换棘爪放于U位置,并将制动爪置于棘轮齿轮处,用手柄进行操作。

(3)卸载:将切换棘爪放于D位置,并使用手柄进行操作。

**3.注意事项**

(1)不要使载重超过紧线器的最大工作负荷,禁止使用加长手柄。

(2)紧线器不可用于提举及装卸货物。

(3)紧线器安装在对象物上之后,应在施加负荷以前在紧线器主体的出口处锁链上安装安全挡块。

(4)使用前应将链条展开,避免打结。

(5)制动部分不可润滑,润滑会导致制动滑移,并引发事故。

(6)链条在 5 个链节全长应在 77.7mm 以下。如果有拉长现象或链条变形应禁止使用或更换链条。

(7)如果紧线器有严重磨损或变形应禁止使用。

4.保养方法

(1)放在干燥的地方,不宜放在潮湿的地方保存。

(2)经常擦拭,以免生锈。

(3)不可用力抛丢或以暴力刻意损坏。

### 四、接触线紧固夹具套装

1.型号及用途

型号:AD-GW + HC-GW 接触线紧固夹具。用途:阻止导线的旋转,形成稳定的操作空间,便于安装接触线连接头。适用范围:适用于 85～150mm² 接触线。接触线紧固夹具整体安装结构如图 3-35 所示。

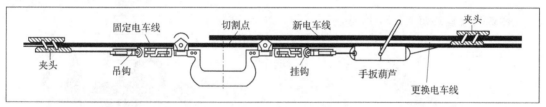

图 3-35　接触线紧固夹具整体安装结构

2.使用方法

接触线在紧固的同时进入导向槽,为线夹的安装提供操作空间,利用扭面器调整接触线线面后安装接触线线夹。紧固夹具的导向轮在接触线连接时有效地保证了两侧接触线对接面的一致,减少了调整对接面的时间。

3.注意事项

(1)使用工具前,仔细检查所有部件状况,包括链条、钩子及连接零件。当工具严重磨损或有断裂现象时,严禁使用。

(2)AD-GW 设备中包含 HC-GW 调节装置。在使用过程中,扭面器配合 AD-GW 使用才能达到最佳效果。

(3)使用前,确认接触线的张力,选择合适的紧固夹具套装。

4.保养方法

(1)每次在使用之后,工具必须用一块干净的布清理干净,仔细清除残余的物质,防止使用中的导线轮被卡死。

(2)不应放在潮湿的地方,应注意通风。经常检查导链,生锈后注意擦拭。

(3)当不用时,应把工具放在包装箱内储存和运输,防止工具损坏。

## 五、手扳葫芦

手扳葫芦如图 3-36 所示。

**1. 外观检查**

手扳葫芦在使用前应进行外观检查,如有明显变形、损伤、锈蚀或操作打滑等现象不得使用;在搬运过程中,要注意轻拿轻放。

**2. 注意事项**

(1)在有荷载的情况下,不得扳动"工作""松卸"柄,否则会对牵引物失去控制,容易发生事故。

(2)不得超负荷使用,工作中如有异常情况,应立即停止作业,检查排除障碍或采取其他措施。

(3)作业完毕,要给导链涂油,放在干燥、无腐蚀处。

## 六、接触线校直器

接触线校直器如图 3-37 所示。

图 3-36 手扳葫芦

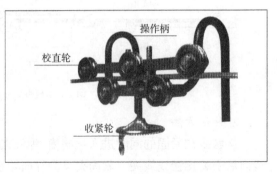

图 3-37 接触线校直器

**1. 用途**

用于接触线的校直,不伤及导线,校直后无硬点。对于局部硬弯五轮校直器无法校直的情况,可使用局部校直器进行校直。适用范围:85~150$mm^2$ 的接触线。

**2. 使用方法**

(1)转动手轮打开校直器,使 3 个轮子靠近弯曲接触线。

(2)转动手轮夹紧下面两个轮子直到将接触线推到校直器。只需将接触线推到可以使轮子方便移动即可。

(3)握住手柄沿着弯曲的接触线部位来回移动。

(4)几次操作后,如果还有弯曲部位,拧紧手轮重复操作,继续操作直到接触线完全校直为止。

(5)操作完成后,打开手轮,从接触线上取下工具。

3. 注意事项

(1) 不可以校直钢筋或类似的坚硬物体，只能用于铜合金接触线校直。
(2) 使用完工具后，用清洁布擦掉脏污。
(3) 定期对手轮和滑槽销用润滑油进行擦拭，注意防锈。

## 七、充电式液压导线切刀

1. 型号及适用范围
(1) 型号：B-TFC2。
(2) 适用范围：85~150mm² 的接触线，保证切割后切面平整。

2. 使用方法
(1) 用于切割接触线的模具：选择适合接触线的模具，模具截面与接触电线截面相匹配。
(2) 将模具安装到接触线端部（图 3-38）：将接触线放入模具，使刀片对齐所要切割的点。通过卡销锁死模具，扳动锁定手柄关闭模具（图 3-39），直到自动锁定位置并将接触线完全夹住（图 3-40）。

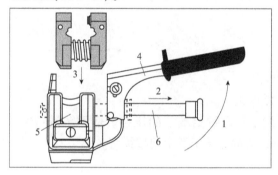

图 3-38　模具安装
1-手柄释放；2-活塞拉出；3-模具安装；4-手柄；5-刀片；6-活塞

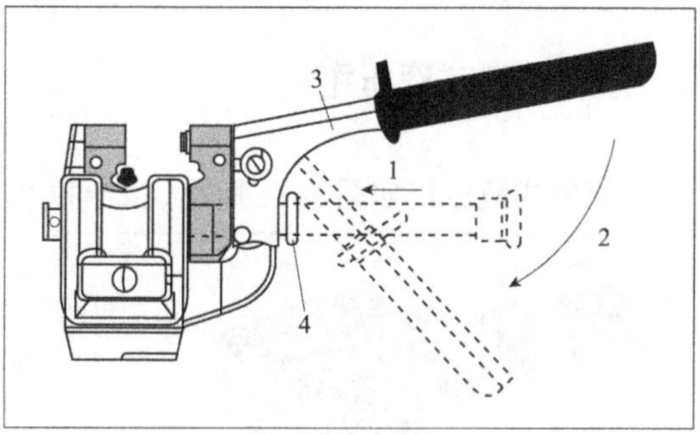

图 3-39　关闭模具
1-活塞压入；2-手柄锁定；3-手柄；4-活塞

(3) 切割（图 3-41）：操作打压按钮，逐渐移动刀片直到切断接触线。切断后应停止打压按钮，操作回油按钮。如果继续打压按钮，电机还会继续运转，但不产生额外的压力，液压油通过旁路回到油箱。

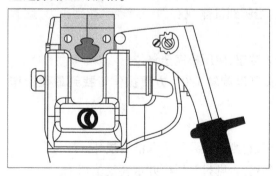

图 3-40　锁定位置

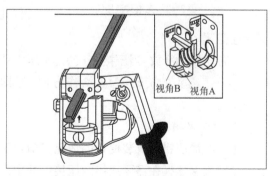

图 3-41　切割

(4)拆卸模具和接触线:操作压力释放按钮,使活塞迅速复位。释放锁定手柄,打开卡销和模具,取出接触线。

3.注意事项

(1)在进行切割操作之前,确保卡销完全插入工具头部、锁定手柄,还要在锁定位置固定。

(2)检查刀刃是否对齐切割点。如果没有对齐,释放锁定手柄,打开模具,重新定位。

(3)不可用于切割硬质物体。

(4)随工具配备的电池组都是未充满电的,在使用时要把电池里的余电用完,再用提供的充电器将电池充满电。

(5)切断接触线后,刀片必须完全复位。

(6)建议不要在工具增压时旋转头部。

4.保养方法

(1)灰尘、沙子和污物对于任何液压工具都是很危险的,每天在使用之后,必须用一块干净的布把工具清理干净,仔细清除残余的物质,特别是靠近枢轴和刀头部位。

(2)当不用工具时,应把它放在塑料工具箱内储存和运输,以防止工具损坏。

## 八、充电式液压钳

充电式液压钳如图3-42所示,型号为B135-UC。

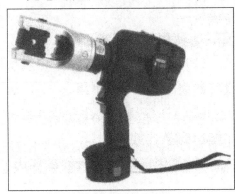

图3-42 充电式液压钳

1.用途

用于普通铜铝端子的压接。适用范围:10~400$mm^2$的铜铝端子及中间接续管。

2.使用方法

(1)准备:将电池正确装入机体,将手带或肩带挂在机体环上,方便携带,根据不同的端子规格来选择对应的模具。

(2)压接:按下操作按钮,激活电机,使压模前行,直到两个压模相互接触。在压接中可以随时停止,当听到机体"哒"的一声表示达到压力,此时应停止工作。

(3)压模的释放:当压接完成后,按压力释放按钮,使压模完全复位。

(4)工具头的旋转:为了操作方便,工具头可以旋转180°,方便操作者找到最佳操作位置。

3.注意事项

(1)在液压钳没有装模具的情况下请勿工作,否则会导致机头和活塞损坏。

(2)确保压模在需要压接的压接点处定位准确,否则打开压模并重新定位端子。

(3)当电池电量几乎用完时,建议及时充电,这样不会造成电池寿命的缩短。

(4)给新电池最初的第2、3次充电时要特别小心,以确定最大可供电量。

(5)连续充电期间,应使充电器休息至少15min。在充电之后,使电池温度降至与周围环境相同的温度。

(6)每次使用后要确保活塞部位完全复位。

4. 保养方法

(1)电池放在干燥的地方,不宜放在潮湿的地方保存。

(2)灰尘、沙和土对任何液压设施来说都是一种危险,每天及每次使用之后,必须用干净的布将工具擦干净,小心取出任何残余,特别是要清洁靠近活塞和活动部分处。

(3)要保证充电式液压钳在不受系统压力的情况下存放。

(4)不用时,应放在金属工具箱中进行储存和运输,以防止损坏。

## 九、充电式吊弦压接钳

充电式吊弦压接钳如图3-43所示,型号为B62。

1. 用途

用于吊弦端子、斜拉线终端的压接。适用范围:各种吊弦、吊索。

2. 使用方法

(1)吊弦和斜拉线的六角模具和椭圆模具不同,应选择符合要求的压接模具、接线端子、鸡心环和椭圆管。

(2)按所需的长度截取线索,在线索一端套入椭圆管和接线端子。安装选好模具,将接线端子或椭圆管放入压接钳,开动压接钳。

图3-43 充电式吊弦压接钳

压接模具与成品如图3-44所示。

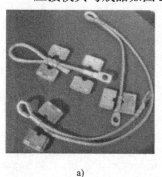
a)

b)

c)

图3-44 压接模具与成品

3. 注意事项

(1)模具的安装要遵循先装上模后装下模、先卸下模后卸上模的原则。

(2)吊弦模具的压接,六角模具压吊弦的端子部位,椭圆模具压吊弦的铜椭圆管部位。

(3)斜拉线模具的压接,六角模具压斜拉线的端子部位,椭圆模压钢套管部位。

4. 保养方法

(1)灰尘、沙和土对任何液压设施来说都是一种危险,每天及每次使用之后,必须用干净的布将工具擦干净,小心取出任何残余,特别是清洁靠近活塞和活动部分。

(2)保证充电式液压钳在不受系统压力的情况下存放。

(3)不用时,应放在金属工具箱中进行储存以防止损坏。工具箱适合储存工具和附件。

(4)电池要放在干燥的地方保存,长时间不用应保证电池内存有电量。

(5)前3次电池充电前须将电池内剩余电量用尽。前3次电池充满电需充12h以上。

## 十、红外热像仪

1. 用途

红外热像仪如图3-45所示。

图3-45 红外热像仪

(1)仪器用途:可以对主导电回路进行非接触温度测量。

(2)适用范围:热灵敏度高达0.10℃,红外图像清晰无噪声。

(3)工作时间:连续工作2h,可显示电池容量。

(4)操作环境温度:$-15 \sim 45$℃($+5 \sim 113$℉)。

(5)储存温度:$-40 \sim 70$℃($-40 \sim 158$℉)。

2. 功能

红外热像仪是一系列手持式成像照相机,用于执行预防性维护、设备故障诊断及验证等任务。有效测量范围:Ti10型为$-20 \sim 250$℃,Ti25型为$-20 \sim 350$℃。有效检测距离0.6~15m。另外,Ti25型还具有语音录制功能,用于为已保存的图像添加附注。

3. 注意事项

(1)建议不用于光亮或抛光金属表面的丈量(如不锈钢、铝等)。

(2)实际测量时,测量精度受被测表面的发射率和反射率、背景辐射、大气衰减、测量距离、环境温度等因素的影响。

(3)蒸汽、尘土、烟雾等会影响测量的准确性。

4. 保养方法

(1)用柔滑毛轻刷刷去残留碎屑。

(2)镜头清洗:用干净冷吹风机吹掉松散颗粒,用潮湿棉花球小心擦洗。注意:不要用溶剂清洗塑料镜头,不要将测温仪浸在水里。

(3)外壳清洗:用蘸有肥皂水的软布清洗。

## 十一、接触网全参数激光测量仪

1. 结构

接触网全参数激光测量仪主要由主机部分和轨距尺部分组成。主机结构图如图3-46所示,其激光测量仪轨道尺示意图如图3-47所示。

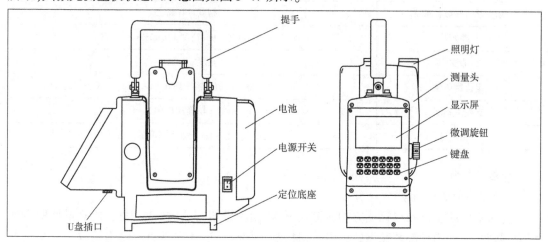

图3-46 接触网全参数激光测量仪主机结构图

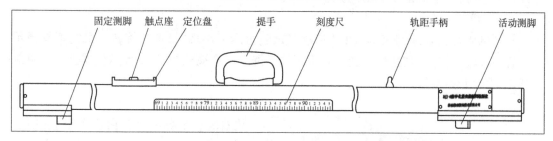

图3-47 接触网全参数激光测量仪轨道尺示意图

2. 主要测量项目及精度

接触网全参数激光测量仪主要测量项目及精度见表3-3。

表3-3 接触网全参数激光测量仪主要测量项目及精度

| 测量项目 | 范围(精度) |
| --- | --- |
| 导高 | 范围3000~15000mm,精度±3mm |
| 拉出值 | 范围±3000mm,精度±4mm |
| 线岔中心 | 精度±4mm |
| 500mm处高差 | 精度±4mm |
| 轨距 | 范围1410~1470mm,精度±0.5mm |

续上表

| 测量项目 | 范围(精度) |
|---|---|
| 水平(超高) | 范围±20mm,精度±0.5mm |
| 红外高程 | 精度±4mm |
| 侧面限界 | 精度±4mm |
| 承力索与接触线高差 | 精度±4mm |
| 跨距 | 范围70m,精度±0.005m |
| 非支 | 精度±4mm |
| 定位器角度 | 1:$n$($n$精确到0.1) |
| 支柱垂直度 | $n$%($n$精确到0.01) |
| 自由测量 | 水平精度±4mm,垂直精度±3mm |

3. 基本操作

(1)仪器放置标准。

将测量架放于待测目标下方的轨道面上,拨动测量架右端的轨距手柄,使测量架两端的固定测脚和活动测脚都紧靠钢轨内沿。保持测量架与轨道基本垂直。将主机放于测量架的定位盘上,并使旋紧旋钮处于旋紧状态。

(2)开机。

打开电源开关后,按下键盘上的"启动"按钮,显示屏出现"请向右旋转主机",根据提示用手轻轻旋转主机头(禁止快速旋转),直至显示屏上出现视频图像,即表示仪器进入正常测量状态,可以开始测量。

图3-48 接触网全参数激光测量仪瞄准操作示意图

(3)瞄准。

仪器的显示屏中央有白色十字丝,前后挪动测量架和旋转主机头,使十字丝中心与待测目标完全重合。瞄准时,可先用手转动主机头进行粗调,然后根据需要可旋转"微调"旋钮进行微调,直到对准目标。在光线较弱的情况下也可以按"长光"键打开长光灯,用眼睛观察红色激光点辅助瞄准。接触网全参数激光测量仪瞄准操作示意图如图3-48所示。

(4)测量。

在正常测量状态下,瞄准目标后即可按下相应功能键进行测量,并显示测量结果。若没有瞄准目标则提示"进入盲区或未对准目标请重新测量"。接触网全参数激光测量仪键盘示意图如图3-49所示。

图 3-49　接触网全参数激光测量仪键盘示意图

## 十二、接触网登高类工具

(1) H 型钢支柱专用脚扣：主要针对高速铁路客运专线开发的 H 型钢支柱攀登工具，其结构简单、轻便，结实、耐用，不损伤 H 型钢支柱油漆，有可调式和固定式两种，如图 3-50 所示。

(2) 圆杆脚扣：如图 3-51 所示，适用于电力线路圆形钢筋混凝土登杆作业。

图 3-50　H 型钢支柱专用脚扣

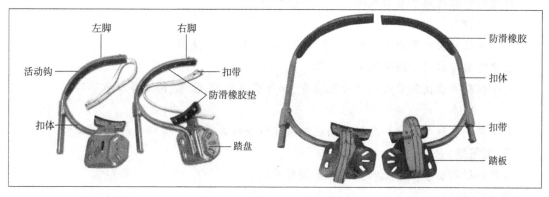

图 3-51　圆杆脚扣

## 任务实施

| 任务名称 | 接触网常用工具及仪器使用 | | 工单号 | |
|---|---|---|---|---|
| 姓名 | | | 学号 | |
| 班级 | | | 日期 | |

操作任务：接触网承力索断线接续地面训练

操作中存在的问题及解决方法：

| 项目 | 赋分 | 自评得分 | 互评得分 | 教师评分 |
|---|---|---|---|---|
| 知识理解正确 | 20 | | | |
| 处理方法得当 | 20 | | | |
| 表达清晰准确 | 20 | | | |
| 实施结果正确 | 40 | | | |
| 综合得分（自评得分10%，互评得分30%，教师评分60%） | | | | |

## 任务考核

### 一、填空题

1. 力矩扳手用于螺母的紧固，力矩范围为_____ N·m。
2. 力矩扳手如长期不用，调节标尺刻度线至力矩_____值处。
3. 接触网全参数激光测量仪主要由_____部分和_____部分组成。
4. 圆杆脚扣适用于电力线路_____登杆作业。

### 二、判断题

1. 当卡线器主体部分有断裂、严重破损或变形时，不要使用。　　　　（　　）
2. 紧线器可以用于提举及装卸货物。　　　　　　　　　　　　　　（　　）
3. 手扳葫芦在使用前应进行外观检查，如有明显变形、损伤、锈蚀等现象不得使用。
　　　　　　　　　　　　　　　　　　　　　　　　　　　　　　（　　）
4. H型钢支柱专用脚扣是针对高速铁路客运专线开发的H型钢支柱攀登工具。（　　）

### 三、简答题

简述接触网全参数激光测量仪基本操作步骤。

### 四、训练题

掌握常用工器具的使用方法是每一个运行员工必须具备的基本技能，而正确熟练地掌握其使用方法是确保安全操作的前提。请选择正确的工器具完成高铁接触网拉出值调整及支柱攀登训练。

# 项目四

# 接触网运行管理

## ❀ 项目描述

本项目主要介绍接触网运行管理机构，接触网维修作业方式、修程、巡视及天窗管理，接触网外部环境管理，接触网故障判断及抢修等接触网运行管理方面的知识，为接触网施工、运行、检修、故障抢修提供技术指导和安全保障。

## ◎ 学习目标

### 知识目标

1. 掌握接触网运行管理机构设置；
2. 掌握接触网维修作业方式分类、修程、巡视及天窗管理；
3. 掌握外部环境对接触网运行的影响及防护措施；
4. 掌握接触网故障判断及抢修原则、要求。

### 能力目标

1. 能够正确判断外部环境对接触网的影响；
2. 能够合理安排接触网巡视、作业方式、天窗时间等维修工作；
3. 能够对接触网故障进行判断；
4. 能够制定接触网故障抢修方案。

### 素质目标

1. 通过学习明确接触网岗位职责，养成较强的安全意识、规则意识；
2. 通过接触网维修及故障抢修训练，养成吃苦耐劳、敬业奉献的精神和团队合作意识；
3. 通过学习，树立精益求精的工匠精神。

## ❈ 建议课时

4~6课时。

# 任务一　接触网运行维修

## 任务单

| 任务名称 | 接触网运行维修 | 工单号 | |
|---|---|---|---|
| 姓名 | | 学号 | |
| 班级 | | 日期 | |
| 拟完成工作任务：<br>(1)掌握接触网运行管理机构设置及管理职责。<br>(2)掌握接触网维修作业方式分类、修程、巡视及天窗管理。 | | | |
| 学习重点：接触网维修作业方式分类、修程、巡视及天窗管理 | | | |
| 学习难点：接触网修程、天窗管理 | | | |
| 教学所需设备：接触网模拟仿真沙盘、接触网演练场、激光测量仪、梯车、防护用具 | | | |

## 知识学习

### 一、接触网运行管理机构

1. 管理机构

接触网运行管理工作遵循统一领导、分级管理的原则，充分发挥各级管理组织的作用。接触网运行管理分为中国国家铁路集团有限公司（简称国铁集团）、铁路局集团公司、供电段三个层级。

2. 管理职责

(1)国铁集团、铁路局集团公司。

国铁集团、铁路局集团公司分别负责全路和本铁路局集团公司的接触网运行管理工作。

(2)供电段。

供电段贯彻执行上级有关规章、标准和制度；补充制定相关管理标准、工作标准；制定接触网作业指导书；制定生产计划并组织实施，定期检查、分析、鉴定设备运行状态，组织评比和考核；组织技术革新和职工培训，保证设备运行质量和安全可靠供电。供电段下设供电车间、检测车间和维修车间。

①供电车间：负责日常运行管理和应急处置，组织接触网一级修（临时修），跟踪验收维修质量。供电车间下设运行工区。

②检测车间：负责供电段6C（铁路供电安全检测监测系统）系统综合数据处理中心工

作,以及供电段6C系统检测装置的维护、运用、管理和检测数据分析。检测车间下设运行工区。

③维修车间:负责接触网二级修(综合修)工作,采用集中修方式组织实施。维修车间下设维修工区。

(3)工区。

①运行工区:负责接触网设备日常运行管理,主要是一级修(临时修)、巡视检查、单项检查、非常规检查、施工配合和应急处置等,对二级修(综合修)结果进行质量验收。

②检测工区:负责6C装置的运用、维护,并对6C系统检测数据进行分析,为设备维修提供依据。

③维修工区:按照月度维修计划,负责接触网设备全面检查、二级修(综合修)和专项整治。

## 二、接触网运行维修

接触网运行维修应坚持"预防为主、重检慎修"的方针,按照"定期检测、状态维修、寿命管理"的原则,采用专业化、机械化、集约化维修方式,依靠铁路供电安全检测监测系统(6C系统)等手段,建立信息资源共享平台,实行"运行、检测、维修"分开和集中修组织模式,确保接触网运行品质和安全可靠。

1. 维修分类

维修是指在接触网系统实际运行状态出现不允许的偏差或发生故障时,对接触网系统进行必要修复,以恢复接触网系统正常功能的过程。维修分为状态修和集中修。

(1)状态修:对产品参数值及其变化进行连续、间接或定期监测,以确定产品的状态,检测性能是否下降,定位其故障和失效部位,记录和追踪失效的过程和时间。

(2)集中修:集中调配施工机械、人员、路料,综合利用天窗,集中完成一条线路行车设备大、中修和技术改造任务的一种施工组织形式,有利于提高施工效率和质量。鉴于集中修期间天窗时间长,检修效率高,各铁路局集团公司普遍利用集中修开展接触网全面检查工作。

2. 维修作业分类

(1)停电作业:在接触网停电设备上进行的作业,如全面检查、单项设备检查等。

(2)间接带电作业:借助绝缘工具间接在接触网带电设备上进行的作业,如接触网除冰,绝缘杆清理鸟窝、异物等。

(3)远离作业:在距接触网带电部分1m及以外的处所进行的作业,如支柱根土、清理杂草、步行巡视等。

3. 接触网修程

高速铁路实施一级修(临时修)、二级修(综合修)、三级修(精测精修)三级修程。普速铁路实施一级修(临时修)、二级修(综合修)两级修程。

(1)一级修(临时修):为了使设备状态保持在限界值以内,对导致接触网功能障碍的缺陷、故障立即投入、无事先计划的临时性维修。它主要包括一级缺陷的临时性修理、危及接触网供电周边环境因素处理、导致接触网功能障碍的故障修复(必要时采取降弓、限速、封锁等处置措施)。

(2)二级修(综合修):为了使设备状态保持在警示值以内,对定期检测发现的缺陷进行有组织、有计划的维修,以及对设备进行全面维护的综合修。它主要包括二级缺陷集中修理和设备全面维护保养(必要的防腐和注油等)。二级修(综合修)可结合全面检查进行,或根据缺陷情况有计划地安排。

(3)三级修(精测精修):通过检测动态条件下的弓网作用参数,测量静态条件下的接触网几何位置,检验零部件质量状态,依据检测、检验分析结果,全面调整接触网静态几何参数,更换失效或接近预期寿命的零部件和设备,更换局部磨耗接近限值的接触线,恢复接触网标准状态。

4.接触网巡视

接触网设备的巡视分为定期设备巡视和不定期设备巡视两大类。

(1)定期设备巡视。

①步行巡视:以徒步检查为手段,其目的是及时发现接触网设备的不良处所,掌握设备运行状态。

②乘车巡视:以添乘机车或巡检车为手段,其目的是观察接触网设备的动态状况。乘车巡视的巡视周期为每月不少于1次,主要是观察接触悬挂、支撑装置、定位装置,有无打弓、碰弓等不良现象。

(2)不定期设备巡视。

①按供电调度员口令进行的巡视,如跳闸原因查找、设备故障点巡查等。

②遇有异常现象时进行的巡视,如遇狂风、暴雨、大雪、大雾等恶劣气候,或遇山洪、塌方、爆破作业等情况时进行的有针对性的巡视。

③上级临时要求的设备巡视,如专运设备巡视等。

5.接触网天窗管理

为满足接触网安全运行的需要,确保接触网设备的正常检修,电气化铁路区段在列车运行图中预留的保证接触网设备停电检修的时间,称为天窗。在日常工作中,接触网所有的网上设备检修必须在天窗点内组织实施。

(1)垂直天窗:在电气化铁路复线区段,上下行线路接触网均停电的检修作业时间。在垂直天窗时间点进行的施工、检修、维护等作业,称为垂停作业。

(2)V形天窗:在电气化铁路复线区段,上下行线路只有一行接触网停电的检修作业时间。在V形天窗时间点进行的施工、检修、维护等作业,称为V停作业。

(3)铁路运行图中预留的天窗时间:

①单线电气化铁路每次不少于60min。

②复线电气化铁路每次不少于90min。

③高速铁路一般为180min。

(4)天窗时间作业要求:

①凡是可以利用接触网停电天窗进行检修的接触网作业必须纳入天窗点进行。

②利用接触网天窗作业时,应尽可能封锁相关线路,做到"施工不行车,行车不施工"。

③为确保接触网天窗时间的有效利用,接触网检修作业组必须提前做好检修作业的各项准备工作,提前30min到达作业现场。

④利用天窗点作业,必须合理安排设备检修工作量,既要确保设备的精简细修,又要确保天窗时间的全部利用,严禁安排不周,浪费天窗时间。

⑤天窗点结束后,必须保证检修后的接触网设备具备安全行车的基本条件。

## 任务实施

| 任务名称 | 接触网运行维修 | | 工单号 | |
|---|---|---|---|---|
| 姓名 | | | 学号 | |
| 班级 | | | 日期 | |
| 操作任务：接触网步行巡视演练 | | | | |
| 操作中存在的问题及解决方法： | | | | |
| 项目 | 赋分 | 自评得分 | 互评得分 | 教师评分 |
| 知识理解正确 | 20 | | | |
| 处理方法得当 | 20 | | | |
| 表达清晰准确 | 20 | | | |
| 实施结果正确 | 40 | | | |
| 综合得分（自评得分10%，互评得分30%，教师评分60%） | | | | |

## 任务考核

### 一、填空题

1. 接触网运行管理工作遵循_____、_____的原则。
2. 接触网运行管理分为_____、_____、_____三个层级。
3. 供电段下设_____、_____和维修车间。
4. 接触网运行维修应坚持"_____、重检慎修"的方针。
5. 接触网设备的巡视分为_____设备巡视、_____设备巡视两大类。

### 二、简答题

1. 简述工区的管理职责。
2. 什么是天窗、垂直天窗、V形天窗？
3. 简述天窗时间的作业要求。

### 三、训练题

请你按照接触网标准化作业程序，基于接触网演练场，制定 V 形天窗时间点，完成××支柱拉出值调整方案并组织实施。

## 任务二　接触网外部环境管理

### 任务单

| 任务名称 | 接触网外部环境管理 | 工单号 | |
|---|---|---|---|
| 姓名 | | 学号 | |
| 班级 | | 日期 | |
| 拟完成工作任务：<br>(1)掌握影响接触网运行外部环境的影响因素。<br>(2)掌握外部环境对接触网运行的影响及防护措施 | | | |
| 学习重点：外部环境对接触网运行的影响及防护措施 | | | |
| 学习难点：外部环境对接触网运行影响的防护措施 | | | |
| 教学所需设备：接触网模拟仿真沙盘、接触网演练场、激光测量仪、梯车、防护用具 | | | |

### 知识学习

接触网是露天设备,它受大风、降雨、覆冰、大雾(污闪)、雷电、锈蚀、异物、鸟害、倒树等自然条件的影响较大,为减少外部环境因素引发接触网设备安全风险所做的工作称为供电"九防"。解决铁路外部环境问题应积极推进"人防、物防、技防"体系建设,预防、控制和减少外部环境安全事故的发生。

### 一、防风

大风对接触网的危害主要表现为线索摆动,缩短电气安全距离引发跳闸、烧索,严重时引发接触悬挂晃动,超出受电弓动态包络线,影响行车,将防尘网等垃圾吹到接触网上影响行车。风口地段采取接触网设备防风措施,如减小跨距,加装腕臂支撑、防风拉线,附加悬挂安装防舞动鞭或防振锤等。

### 二、防洪(雨)

暴雨、洪水对接触网的危害主要是支柱、危树倾斜、倾倒,支柱(拉线)基础塌陷、裸露,路堑、山体滑坡、落石,跨线构筑物因漏水缩短接触网绝缘距离等影响行车。

雨季实行降雨量警戒制度、添乘检查制度。客运专线设雨量监控终端,对设施集中监控。防洪(雨)重点处所主要有近两年新建(改造)电气化铁路区段新增支柱设备的处所,高路堤区段,存在危树、附近山体有落石危险的处所,工务防洪重点处所,跨线构筑物在接触网带电设备上方或附近漏水,有可能缩短绝缘距离的处所。

### 三、防冰

在冬季,接触网线索上会有积雪和结冰,称为覆冰。覆冰会增加接触悬挂的机械负荷,接触网线索覆冰严重时会造成电力机车无法运行。主要影响有以下几类:

(1) 弓网燃弧。
(2) 绝缘下降。
(3) 线索舞动。

冬季低温(0℃及以下)降雪、雾霾、冻雨天气时,应加强对存在漏水点的桥、隧、高架候车室等上跨构筑物的巡视检查,加强对接触网线索覆冰情况的监测。接触线大范围覆冰时,供电段应根据接触网覆冰情况向调度所申请开行除冰列车除冰。

### 四、防雾(污闪)

在大雾出现的时候,大气中悬浮的污秽物不易扩散,绝缘子污秽严重,易造成绝缘子闪络(污闪)。雨、雪、雾、霾、冻雨等恶劣天气下,除危及行车、人身、设备安全等特殊情况外,一般不进行接触网停电作业,以降低发生绝缘子闪络的概率。加强接地装置和绝缘子闪络泄漏通道检查,可以确保按规定接地良好,通道畅通。

### 五、防雷

雷击造成的设备损坏主要有绝缘子闪络(炸裂)、避雷器炸裂、电缆终端头或中间头击穿隔离开关操作电源跳闸等,严重的雷害甚至会造成架空避雷线、架空地线断裂。一般情况下,雷击造成的绝缘子闪络跳闸重合闸成功率较高,不易造成长时间中断供电。但绝缘子闪络故障点难以查找,绝缘子一旦受损长期"带病"运行,其绝缘性能、机械性能下降,可能造成绝缘子击穿、断裂等更为严重的故障。

### 六、防锈蚀

电气化铁路沿线工厂排放物(包含 CO、NH、硫化物、煤灰、粉尘等污染物)造成接触网设备锈蚀,其引发的接触网设备安全风险主要是零部件变形、断裂及线索断线等,从而引发接触网故障乃至事故。

接触网线索、零部件发生锈蚀时,应及时按工艺要求进行防腐处理或更换零部件。金属支柱应根据状态及时进行防腐。角钢发生锈蚀时应刷防锈漆或焊接角钢进行加固,必要时进行更换。支柱根部和基础周围1m范围内保持清洁,不得有积水和杂物。基础帽应完整无破损,有裂纹现象时,应打开检查。金属支柱防护宜采用混凝土防护墩或钢结构防护。当采用防护墩防护时,应采取防水措施,避免人为导致支柱锈蚀。地脚螺栓防腐处理应先去除表面的铁锈,后喷锌处理,最后涂防锈漆。

## 七、防异物

异物尤其是长大轻飘物刮到接触网上会短接带电设备、缩短电地距离引发跳闸,影响行车。

上跨构筑物(如桥、隧道、明洞、站房等)下方的接触网线索应加装预绞丝防护条,大风天气时,应及时安排登乘巡视检查。跨线桥防护网栅应牢固设置在桥护杆内,桥梁附属物安装应牢固可靠。平行和跨越线电气化铁路两侧杆塔、线索应状态良好。日常巡视检查发现状态不良时,应及时通知产权单位进行整治。

## 八、防鸟害

鸟害引发的接触网设备安全风险主要是鸟巢或鸟体缩短电地距离造成短路、类排泄物造成绝缘子闪络。

鸟巢排查主要采取登乘电力机车(动车组)巡视方式进行,检查接触网设备上的鸟类筑巢情况,以及所安装驱鸟装置的运行状态。

采取的防鸟措施主要有加装惊鸟器、驱鸟刺,封堵或填充棘轮底座、桥钢柱大限界框架、肩架(角钢)与支柱间缝隙,硬横跨、格构式钢柱加装内嵌式防鸟网,腕臂或隔离开关瓷柱加装有机绝缘护套或绝缘伞裙,在安全处所人为搭建鸟巢或搭建平台引鸟筑巢,等等。

## 九、防倒树

危及接触网设备运行安全的树木主要指线路两侧触及或倾倒后触及接触网设备以及在风力作用下可能引起接触网带电设备接地的树木。

对于铁路产权危树,供电段应按照相关规定统一造册交相关建筑段林地所,并积极协助治理。对于非铁路产权危树,供电段要主动向产权单位或个人宣传危树侵限对铁路运输以及人身财产安全造成的巨大危害,积极与地方政府沟通,争取支持,共同整治。

对于危及接触网设备运行安全的树木应立即砍伐。暂时不能砍伐的,应采取修枝、削顶等措施,确保树木倾倒后与铁路线路距离不小于2m。

## 任务实施

| 任务名称 | 接触网外部环境管理 | | 工单号 | |
|---|---|---|---|---|
| 姓名 | | | 学号 | |
| 班级 | | | 日期 | |
| 操作任务：模拟接触网异物、鸟巢的处置 | | | | |
| 操作中存在的问题及解决方法： | | | | |
| 项目 | 赋分 | 自评得分 | 互评得分 | 教师评分 |
| 知识理解正确 | 20 | | | |
| 处理方法得当 | 20 | | | |
| 表达清晰准确 | 20 | | | |
| 实施结果正确 | 40 | | | |
| 综合得分（自评得分10%，互评得分30%，教师评分60%） | | | | |

## 任务考核

### 一、填空题

1. 冬季，接触网线索上会有积雪和结冰，称为_____。
2. 支柱根部和基础周围_____范围内保持清洁，不得有积水和杂物。
3. 鸟巢排查主要采取_____巡视方式进行。
4. 对于危及接触网设备运行安全的树木应_____。

### 二、简答题

1. 什么是供电"九防"？
2. 大风对接触网的危害有哪些？
3. 防鸟措施主要哪些？

### 三、训练题

接触网处于户外，受天气的影响，冬季严寒雨雪天气易发生接触网覆冰，接触网工需执行除冰、打冰任务，请利用接触网演练场，制定接触网除冰处置方案并组织实施。

# 任务三　接触网故障与抢修

## 任务单

| 任务名称 | 接触网故障与抢修 | 工单号 | |
|---|---|---|---|
| 姓名 | | 学号 | |
| 班级 | | 日期 | |
| 拟完成工作任务：<br>(1)掌握接触网事故分类。<br>(2)掌握接触网常见故障判断。<br>(3)掌握接触网故障抢修原则及要求 | | | |
| 学习重点：接触网事故分类、常见故障判断 | | | |
| 学习难点：接触网常见故障判断 | | | |
| 教学所需设备：接触网模拟仿真沙盘、接触网演练场、常用工具仪器、梯车、防护用具 | | | |

## 知识学习

### 一、接触网事故

《铁路交通事故调查处理规则》规定：事故分为特别重大事故、重大事故、较大事故和一般事故四个等级。结合供电专业的特点，与接触网有关的事故仅限于一般事故C类和D类。具体如下：

一般事故C类：接触网断线、倒杆或塌网。

一般事故D类：行车设备故障耽误本列客运列车1h以上，或耽误本列货运列车2h以上；固定设备故障延时影响正常行车2h以上(仅指正线)。

### 二、接触网常见故障判断

1.恶劣天气易发故障判断

(1)大雾天气：考虑绝缘子闪络或击穿，与带接地刀闸的隔离开关连接的分段绝缘器烧伤；V形天窗作业时，渡线分段击穿；电力机车受电弓支持绝缘子击穿引起断线；接触网带电设备对跨线桥、管、隧道底面放电等。

(2)大雪天气：除(1)中所列项目外，考虑上跨桥、管、隧道上雪融化后结冰对桥底设备放电。

(3)雷雨天气：主要考虑避雷器是否爆炸，绝缘子击穿及雷电引起变电所跳闸、电缆头损坏、树木倒在接触网上等。

（4）大风天气：主要考虑网上有无异物、树枝触网、树木倒在接触网上等。

（5）冻雨天气：一般表现为跨越电力线断线，弓网放电。

（6）气温急剧变化：主要考虑引线、电连接、供电线、正馈线、上跨桥下设备对地绝缘距离减小放电或过紧拉歪开关、避雷器等设备，补偿装置卡滞，线岔卡滞，悬挂交叉处是否产生摩擦放电现象。

（7）晴朗天气：主要考虑薄弱设备（线岔、关节、分段、器械式分相）引发的弓网故障，入地电缆故障，外单位施工地点部件脱落引发故障，等等。

2. 根据跳闸情况判断

（1）永久性接地。

变电所断路器跳闸，重合闸和强送均不成功，可能是由于接触网、正馈线或供电线断线接地、绝缘子击穿、隔离开关处于接地状态下的分段绝缘器击穿、隔离开关引线脱落或断线、较严重的弓网故障、机车故障等引起的。

（2）断续接地。

变电所断路器跳闸重合成功，间隔一段时间又跳闸，可能是由于接触网或电力机车绝缘部件闪络、货车货物翘起超限、树木与接触网放电、接触网与接地部分距离不够、接触网断线但未落地、弓网故障等引起的。

（3）短时接地。

变电所跳闸后重合成功，跳闸原因一般是绝缘部件瞬时闪络、鸟巢短接、电击人或动物等。

3. 其他情况判断

（1）根据受电弓损伤位置判定。

①受电弓上有伤痕，主要考虑电力机车行走路径上的线夹偏斜、导线硬弯、分段、器械式分相消弧棒松动下垂低于导线面等原因。

②受电弓刮坏，主要考虑线岔电连接位于始触区并且弛度过大，分段绝缘器技术状态超标，定位、支持装置松动下垂，等等。

（2）特殊故障。

①变电所馈线有电而接触网无电：可能是供电线断线、上网点断开、开关引线断线、常闭开关误动打开等原因。

②变电所没有跳闸，但现场已经出现影响行车的设备故障，如线岔脱落、吊弦折断、中锚松弛脱落、线索上挂有飘落物等没有接地。

## 三、接触网抢修

1. 接触网基本抢修原则

（1）设备故障抢修必须遵循"先通后复"和"先通一线"的基本原则，积极组织实施抢修，以最快的速度设法先行供电，疏通线路，并及早恢复设备正常的技术状态。

（2）网电工区发生多处或同时发生接触网、电力故障，须坚持"直接影响行车故障优先、影响范围大优先、召集本工区职工优先、请求调度增援优先"的原则,同时对故障统筹安排处理。

(3)接触网故障抢修应以最快的速度设法先行供电,疏通线路,必要时可采取迂回供电、越区供电和降弓通过等措施,尽可能缩短停电、中断行车时间,随后要尽快安排处理遗留工作,使接触网及早恢复正常技术状态。

(4)故障抢修时遵循先正线后侧线的原则。

(5)设备破坏较小,自接到故障通知时起20min内可恢复者,按一次性恢复方案抢修;设备破坏严重,需要较长处理时间时,采取临时恢复方案,尽快恢复供电,疏通线路。

(6)故障处理后,现场需要降弓通过时,须将降、升弓地点(公里标准确到米)、距离等相关情况报请供电调度员同意。

2. 接触网故障抢修要求

(1)铁路引入枢纽地段,当高速铁路与既有线同时发生故障时,以首先抢通高速铁路为主。

(2)发现高速铁路供电及行车设备故障和异状,应立即报告供电段调度室、邻近车站及铁路局集团公司供电调度员,并尽可能详细地说清故障范围和损坏情况,必要时应在故障地点采取防护措施。

(3)在抢修工作中,要严格执行有关安全规定,做好人身、行车安全防护措施,防止意外发生。

(4)高速铁路应急救援、故障抢修交通工具以铁路运输为主。通常情况下,采用轨道车抢修车组方式,可与工务、电务及通信等部门联动赶赴现场;必要时,可向供电调度员申请搭乘动车组利用邻线列车赶赴现场。抢修用机具、材料均装箱放置在轨道车上。

3. 制定抢修方案的要求

(1)为保证快速抢通,允许满足接触网最低技术条件开通运行。例如,直线区段可间隔定位,减少吊弦安装数量,两锚段可临时并接,结构高度可适当降低,定位方式可简化为单定位、单拉手等。在开通、疏通列车后再申请天窗停电,尽快处理使设备达到运行技术标准。

(2)采取硬锚的方式临时恢复接触悬挂设备时,必须考虑到温度变化对接触网安全运行状态的影响。

(3)接触线、承力索、供电线(正馈线)等主导电回路线索断线采取临时紧急送电方案抢修时,须加装分流线,分流线截面不得小于被连接导电线索截面。

(4)需设置降弓区段时,应向高速铁路供电调度员报告标志位置,高速铁路供电调度员报列车调度员同意后,现场抢修人员按高速铁路供电调度员的命令或通知设置标志。

(5)降弓距离应满足列车惰行运行要求,高速铁路动车组升降弓距离如图4-1所示。

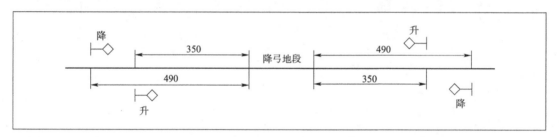

图4-1 高速铁路动车组升降弓距离(长度单位:m)

在需降弓地段的来车方向490m处设"降"标志,在需降弓地段列车离去方向350m处设"升"标志,如图4-1所示。降弓区段导线、零部件、工具等距离钢轨顶面高度不得低于5150mm。

(6)在接触网修复过程中,对关键部位及相关设备要严格把关。尤其注意对接触网主导电回路及受电弓动态包络线检查,确认符合供电行车条件后方准申请送电,送电后要观察1~2趟列车,确认运行正常后抢修组方可撤离故障现场。

(7)抢修完毕后,若接触网设备不能恢复到满足正常行车速度,由现场抢修人员向高速铁路供电调度提出申请,并在相邻车站进行登记高速铁路供电调度审核后,向列车调度员提出限速申请;由列车调度员下发限速调度命令。供电段负责按规定进行防护。

## 任务实施

| 任务名称 | 接触网故障与抢修 | 工单号 | |
|---|---|---|---|
| 姓名 | | 学号 | |
| 班级 | | 日期 | |
| 操作任务:H 型钢支柱攀登训练 | | | |
| 操作中存在的问题及解决方法: | | | |
| 项目 | 赋分 | 自评得分 | 互评得分 | 教师评分 |
| 知识理解正确 | 20 | | | |
| 处理方法得当 | 20 | | | |
| 表达清晰准确 | 20 | | | |
| 实施结果正确 | 40 | | | |
| 综合得分(自评得分10%,互评得分30%,教师评分60%) | | | | |

## 任务考核

### 一、填空题

1.《铁路交通事故调查处理规划》规定:事故分为特别重大事故、_____、_____和_____四个等级。

2.与接触网有关的事故仅限于_____类和一般事故 D 类。

3.设备故障抢修必须遵循"_____"和"_____"的基本原则。

4.设备破坏较小,自接到故障通知时起_____内可恢复者,按一次性恢复方案抢修。

### 二、简答题

1.什么是一般事故 D 类?

2.接触网故障抢修的基本要求是什么?

### 三、训练题

接触网工区接到接触器断线抢修通知后,应立即拉响抢修铃制定抢修方案,请基于接触网演练场,××跨距间发生接触网断线,制定接触线断线抢修演练实施方案并组织实施,以检验和提升接触网抢修恢复能力。

# 项目五

# 接触网检修维护

## ❂ 项目描述

本项目通过任务实施,包括:安全工器具的使用,隔离开关倒闸操作,接触网支柱攀登,接地线挂拆,腕臂地面预配,承力索回头制作,接触线断线接续,承力索断线接续,分段绝缘器更换,定位装置的更换及拉出值调整,吊弦调整与更换,b值调整,等等。培养学生的接触网检修维护技能,提高学生接触网检修与维护实操能力。

## ◎ 学习目标

### 知识目标

1. 掌握安全工器具,隔离开关倒闸操作,接触网支柱攀登,接地线挂拆,腕臂地面预配,承力索回头制作,接触线断线接续,承力索断线接续,分段绝缘器更换,定位装置的更换及拉出值调整,吊弦调整与更换,b值调整等任务的操作方法和步骤;
2. 掌握接触网的检调作业程序;
3. 掌握接触网常用工具及仪器仪表的使用方法;
4. 掌握接触网金具紧固力矩。

### 能力目标

1. 能够正确识读接触网平面图、安装图;
2. 能够熟练使用接触网常用工具及仪器仪表;
3. 能够对隔离开关倒闸操作、接触网支柱攀登、接地线挂拆、腕臂地面预配、承力索回头制作、接触线断线接续、承力索断线接续、分段绝缘器更换、定位装置的更换及拉出值调整、吊弦调整与更换、b值调整等任务进行检调。

### 素质目标

1. 强化安全意识,养成遵章守纪的习惯;
2. 养成吃苦耐劳、敬业奉献的精神和团队合作意识;
3. 树立精益求精的工匠精神。

## ❈ 建议课时

16～18 课时。

# 任务一　安全工器具的使用

## 任务单

| 任务名称 | 安全工器具的使用 | 工单号 | |
|---|---|---|---|
| 姓名 | | 学号 | |
| 班级 | | 日期 | |
| 拟完成工作任务：<br>(1)掌握绝缘安全用具的识别及使用方法。<br>(2)掌握防护安全用具的识别及使用方法。<br>(3)掌握接触网常用安全工器具的使用检查、保管及注意事项 | | | |
| 学习重点：接触网常用安全工器具的使用方法 | | | |
| 学习难点：接触网绝缘安全用具及防护安全用具的使用 | | | |
| 教学所需设备：接触网模拟仿真沙盘、接触网演练场、触网常用安全工器具 | | | |

## 知识学习

### 一、安全工器具的分类

1. 绝缘安全用具

绝缘安全用具是指在电气作业中,为了保证作业人员的安全,防止触电、坠落、灼伤等工伤事故所必须使用的各种电工专用工具或用具,如可以直接接触带电部分、能够长时间可靠地承受设备工作电压的绝缘安全用具。绝缘安全用具包括基本绝缘安全用具和辅助安全用具两类。

(1)基本绝缘安全用具:用具本身的绝缘足以抵御工作电压的用具,主要用来操作隔离开关、更换高压熔断器和装拆携带型接地线等。使用基本绝缘安全用具时,其电压等级必须与所接触的电气设备的电压等级相符,因此这些用具必须经过耐压试验。

用于1000V以上电力系统的基本绝缘安全用具有绝缘杆、绝缘夹钳、电工测量钳、验电器等。

用于1000V以下的电力系统的基本绝缘安全用具包括绝缘杆、绝缘夹钳、电工测量钳、绝缘手套、验电器等。

(2)辅助安全用具:用来进一步加强基本安全用具保安作用的工具。辅助安全用具一般须与基本绝缘安全用具配合使用。如果仅仅使用辅助安全用具直接在高压带电设备上进行工作或操作,其绝缘强度较低,不能保证安

安全用具的使用

常用绝缘用具
及专用工具的使用

触电急救

全。但配合基本绝缘安全用具使用,就能防止工作人员遭受接触电压或跨步电压的危险。辅助安全用具应用于低压设备,一般可以保证安全。因此,有些辅助安全工具(如绝缘手套)在低压设备上可以作为基本绝缘安全用具使用;绝缘靴可作为防护跨步电压的基本安全用具。

辅助安全用具主要有绝缘手套、绝缘靴、绝缘垫、绝缘台(板)和个人使用的全套防护用具等。绝缘手套和绝缘靴必须用特种橡胶制造,要求薄、柔软、绝缘强度高、耐磨性能好,且其接缝应尽可能少。此外,手套和绝缘靴还应有足够的长度。

2.防护安全用具

防护安全用具是指在生产活动中防止发生人身意外伤害的各类工器具。防护安全用具是保证电气维修安全用的,一般不具备绝缘性能,所以不能直接与带电体接触。其主要用途是防止停电检查的设备突然来电或产生感应电压,防止工作人员误入带电间隔或误登带电设备,以及防止电弧灼伤等。防护安全用具包括检修安全用具、登高安全用具、护目镜等。

(1)检修安全用具:在停电检修作业中用于保证人身安全的用具,包括临时接地线、警告牌、警示牌、提示牌、临时遮栏等。

(2)登高安全用具:在高处作业时用于防止坠落的用具,如安全帽、安全带、安全绳等。

(3)护目镜:防止电弧或其他异物伤眼的用具。

## 二、安全工器具使用前检查

(1)绝缘杆:检查表面有无裂纹、脱漆,接头是否牢固,握手标志是否清晰,是否超试验周期。

(2)绝缘手套:检查有无粘黏、漏气现象,是否超试验周期。

(3)绝缘靴:检查靴底有无裂纹,是否超试验周期。

(4)安全帽:检查帽衬与帽壳间距是否大于3cm,帽壳有无裂纹,系带调节是否灵活。

(5)安全带:检查组件是否完整,有无裂纹;铆钉有无偏移;织带有无裂纹,是否超试验周期。

(6)验电器:检查与绝缘杆连接是否牢固,电池是否有效,声光是否清晰。

(7)接地线:检查塑料护套是否完好,是否断股;各部连接是否牢固,螺栓是否紧固。

(8)围栏网:检查网绳有无断裂,警告标志(止步,高压危险)是否完整。

## 三、安全工器具的报废

有下列情况的安全工器具应予以报废:

(1)绝缘杆表面有裂纹或工频耐压试验没有通过。

(2)绝缘杆金属接头破损和滑丝,影响连接强度。

(3)绝缘手套出现漏气现象或工频耐压试验泄漏,电流超标。

(4)绝缘靴底有裂纹或工频耐压试验泄漏,电流超标。

(5)接地线塑料护套脆化破损,导线断股导致截面小于规定的最小截面,成组直流电阻值小于规定要求。

(6)防毒面具过滤功能失效。

(7)梯子结构松动,横撑残缺不齐,主材变形弯曲。

(8)安全帽帽壳有裂纹,帽衬不全。

(9)安全带织带脆裂、断股;金属配件有裂纹,铆钉有偏移现象;静负荷试验不合格。

## 四、安全工器具的保管

(1)安全工器具应统一存放在工具房(工具柜)内,房内应保持干燥、通风良好。安全工器具不得与其他工具、材料混放。

(2)绝缘杆一般应垂直放置。水平放置时,支撑点间距不宜过大,以免操作杆变形弯曲。

(3)绝缘靴、绝缘手套应放在避光的工具房(工具柜)内,上面不得堆压任何物品。手套应套在支架上,水平放置时,手套内应涂上滑石粉,以防粘黏。

(4)所有安全工器具应按放置要求存放,对号入座。

(5)工器具应有统一分类编号,编号原则为单位代码-保管使用的班组站代码-工具名称简称-顺序号。

(6)个人保管的安全帽、安全带等工器具,应有固定的存放地点,并摆放整齐。

(7)安全工器具房应有安全工器具登记清册,并做到实物与清册一致。

## 五、安全工器具的使用注意事项

(1)在使用过程中,带电绝缘安全工器具应装在工具袋、工具箱或工具车内,以防受潮和损伤。

(2)各种受力工具和绝缘工具应有合格证并定期进行试验,未经试验或试验不合格的安全工器具严禁使用,并不得放入安全工具间,以防误用。试验不合格的安全工器具试验卡片应注销。

(3)安全工器具使用前,使用人必须对外观进行详细检查,绝缘手套还应进行挤压试验,不合格者严禁使用。

(4)若对安全工器具的绝缘可靠性有怀疑时,应认真检查或做必要的试验。

(5)安全工器具接地线使用前,应检查有无散股,接地线螺钉是否紧固,安全可靠方可使用,无编号严禁使用。

(6)使用后安全工器具应放回原位,禁止乱拿乱放。

(7)阴雨天使用过绝缘手套应清洗干净,晾干后放入柜内,绝缘杆、验电器应烘干。

(8)安全工器具员应每月对安全工器具进行定期外观检查,并做好记录。

(9)安全工器具损坏时应立即上报工区,以旧换新,不得私自报废。

## 任务实施

| 任务名称 | 安全工器具的使用 | | 工单号 | |
|---|---|---|---|---|
| 姓名 | | | 学号 | |
| 班级 | | | 日期 | |
| 操作任务：接触网验电接地操作 | | | | |
| 操作中存在的问题及解决方法： | | | | |
| 项目 | 赋分 | 自评得分 | 互评得分 | 教师评分 |
| 外观检查正确 | 20 | | | |
| 工具选择合理 | 20 | | | |
| 操作动作规范 | 30 | | | |
| 实施结果正确 | 30 | | | |
| 综合得分（自评得分10%，互评得分30%，教师评分60%） | | | | |

## 任务考核

### 一、填空题

1. 用于1000V以下的电力系统的基本安全用具包括_____、_____、_____等。
2. 绝缘杆一般应_____放置。
3. 绝缘手套还应进行_____试验，不合格者严禁使用。

### 二、判断题

1. 使用基本安全用具时，其电压等级必须与所接触的电气设备的电压等级相符。
（　　）
2. 安全工器具可以与其他工具、材料混放。（　　）
3. 安全工器具使用后应放回原位，禁止乱拿乱放。（　　）

### 三、训练题

利用接触网演练场，进行接触网停电、验电、接地、防护训练。通过实际操作，熟练掌握接触网安全工器具的使用方法及注意事项。

# 任务二  隔离开关倒闸操作

## 📋 任务单

| 任务名称 | 隔离开关倒闸操作 | 工单号 | |
|---|---|---|---|
| 姓名 | | 学号 | |
| 班级 | | 日期 | |
| 拟完成工作任务：掌握接触网隔离开关倒闸操作步骤及注意事项 ||||
| 学习重点：接触网隔离开关倒闸操作步骤及注意事项 ||||
| 学习难点：接触网隔离开关倒闸操作步骤 ||||
| 教学所需设备：接触网模拟仿真沙盘、接触网演练场、柱上隔离开关、安全工器具 ||||

## 📖 知识学习

隔离开关是一种没有灭弧装置的开关设备。隔离开关一般安装在大型建筑物（如长大隧道和长大桥梁）两端、车站装卸线、专用线、电力机车库线、机车整备线、绝缘锚段关节、分区、分相绝缘器等需要进行电分段的地方。隔离开关的作用是连通或切断接触网供电分段间的电路，增加供电的灵活性，以满足检修和不同供电方式运行的需要。

当需要接触网停电作业检修时，实现与正线或到发线接触网线路的可靠隔离，以保证作业及检修人员的安全和运行部分的正常工作。

（1）对车站、机务段、厂矿等有权操作隔离开关的单位，在向供电调度员申请倒闸命令之前，要令人应向单位主管负责人办理倒闸手续。遇危及人身或设备安全的紧急情况，可以不经供电调度员批准，先行断开断路器或有条件断开的隔离开关，并立即报告供电调度员，但在闭合时必须有供电调度员的命令。

隔离开关开合操作

（2）进行隔离开关倒闸操作的人员，其安全等级应不低于三级。由于隔离开关触头外露，操作人员可以清楚地观察到它的开、闭状态，检修后应恢复原状。

（3）隔离开关操作前，操作人员必须按规定穿戴好绝缘靴和绝缘手套并且戴好安全帽，确认隔离开关接地系统良好，开关及其传动装置正常。

## 一、操作方法

1. 手动操作

分闸程序：接到倒闸命令—开锁—分闸—验电挂地—悬挂标识牌—落锁。
合闸程序：接到命令—开锁—取标识牌—取地线—合闸—验电—上锁。

注意事项：

（1）操作时要准确迅速，一次开闭到底，中途不得停留。在操作过程中，人体各部不得与支柱及其构件接触。

（2）隔离开关开合到位后，传动机构必须加锁。钥匙有标签，存放在固定地点，专人保管，注明开关号码，一台开关一把锁，其钥匙不得相互通用。

（3）倒闸操作完成后，确认开关开合状态无误，操作人员向要令人通报倒闸结束，由要令人向供电调度员申请消除倒闸作业命令。供电调度员要及时发布完成时间和编号并记入"倒闸操作命令记录"，要令人填写"隔离开关倒闸完成报告单"。至此，倒闸操作方告结束。

2. 电动隔离开关操作方法

远动操作：电动隔离开关操作以远动操作为主，当远动操作出现故障时，在及时通知供电段调度员的同时，采用第二种操作方法。

近动操作：在机构箱中操作。

手动操作：当以上两种方法都出现故障时，方可采用手动操作，即使用摇把摇动隔离开关使其关闭或打开。

## 二、注意事项

进行维护和检修时，需要对隔离开关进行操作。操作时，必须规范，遵从一定的要求，否则会造成严重的后果。

（1）隔离开关开闭作业时，必须使用绝缘棒，由两人配合进行：一人操作，一人监护。操作人员、监护人员必须有供电段发给的隔离开关操作合格证。

（2）操作前，操作人员必须穿戴规定的绝缘鞋和绝缘手套，使用前进行简略漏气试验，并确认开关及其传动装置正常，接地线良好，方可按规程操作。

（3）在操作过程中，人体各部不得与支柱及其构件相接触。当雷电来临和雷电时间，禁止操作隔离开关。

（4）当发现隔离开关及其传动装置状态不良时，车站值班员应立即向供电调度员申请派人检修，如危及人身、行车安全，在修好之前不得进行操作，并严禁擅自攀登支柱自行维修。

（5）绝缘鞋、绝缘手套和绝缘棒等安全工器具，要存放于阴凉干燥、不落灰尘的容器内，每6个月由各站、段送供电段检查并试验一次，每次使用后用干布擦净。

## 任务实施

| 任务名称 | 隔离开关倒闸操作 | 工单号 | |
|---|---|---|---|
| 姓名 | | 学号 | |
| 班级 | | 日期 | |
| 操作任务:接触网隔离开关倒闸操作 | | | |
| 操作中存在的问题及解决方法: | | | |
| 项目 | 赋分 | 自评得分 | 互评得分 | 教师评分 |
| 安全措施到位 | 20 | | | |
| 工具选择合理 | 20 | | | |
| 操作步骤准确 | 30 | | | |
| 实施结果正确 | 30 | | | |
| 综合得分(自评得分10%,互评得分30%,教师评分60%) | | | | |

## 任务考核

**一、填空题**

1. 隔离开关是一种没有_____的开关设备。
2. 进行隔离开关倒闸操作的人员,其安全等级应不低于_____。
3. 绝缘鞋、绝缘手套等每_____由各站、段送供电段检查并试验一次。

**二、判断题**

1. 隔离开关操作要准确、迅速,一次开闭到底,中途不得停留或发生冲突。　　(　　)
2. 隔离开关操作前操作人员应按要求穿戴好绝缘靴和绝缘手套、戴好安全帽。(　　)
3. 隔离开关开闭作业时,必须使用绝缘棒,由两人配合进行:一人操作,一人监护。
　　　　　　　　　　　　　　　　　　　　　　　　　　　　　　　　(　　)

**三、训练题**

利用接触网演练场,进行接触网隔离开关倒闸操作训练。通过实际操作,熟练掌握接触网隔离开关倒闸操作的方法及注意事项。

# 任务三　接触网支柱攀登

## 任务单

| 任务名称 | 接触网支柱攀登 | 工单号 | |
|---|---|---|---|
| 姓名 | | 学号 | |
| 班级 | | 日期 | |
| 拟完成工作任务：<br>(1)掌握接触网 H 型钢支柱攀登方法及注意事项。<br>(2)掌握接触网矩形横腹杆支柱攀登方法及注意事项。<br>(3)掌握接触网等径圆支柱攀登方法及注意事项 ||||
| 学习重点：接触网支柱攀登 ||||
| 学习难点：矩形横腹杆支柱攀登 ||||
| 教学所需设备：接触网模拟仿真沙盘、接触网演练场、登高作业工具及安全防护用具 ||||

## 知识学习

支柱攀登

接触网支柱是接触网结构中应用广泛的支撑设备，承担接触悬挂与支持装置的负荷。接触悬挂被支柱支持在线路上方。当接触悬挂以及支持装置出现故障时，用攀登支柱进行检修作业十分重要。攀登支柱包括 H 型钢支柱、矩形横腹杆支柱以及等径圆支柱。学生要了解相关的作业标准，学会攀登支柱的方法。

作业目的：熟悉登杆和杆上作业的一般流程，了解登杆和杆上作业的安全知识。掌握用脚扣上下杆的基本方法和技能；规范攀登支柱作业程序及标准。

具体的攀登支柱分为 H 型钢支柱、矩形横腹杆支柱及等径圆支柱三种。其中，H 型钢支柱耐碰撞，运输及安装方便，维修不便。矩形横腹杆支柱便于攀登，利于维修和检查，安装时受方向限制。

### 一、作业准备

1. 场地准备

接触网演练场。

2. 人员准备

人员分配表见表 5-1。

## 项目五 接触网检修维护

人员分配表 表5-1

| 分工 | 人数 | 作业内容 |
|---|---|---|
| 工作领导人 | 1 | 现场监护,宣读工作票及人员安排 |
| 高空作业人员 | 1 | 准备个人工具,攀登支柱 |

### 3. 工具及材料准备

工具材料表见表5-2。

工具材料表 表5-2

| 序号 | 名称 | 规格 | 单位 | 数量 | 备注 |
|---|---|---|---|---|---|
| 1 | 安全帽 | 有永久标识 | 顶 | 2 | 现场工作人员每人1顶 |
| 2 | 安全带 | 单钩或双钩 | 条 | 1 | 现场工作人员每人1条 |
| 3 | 工作服 | 在安全试验周期内 | 套 | 2 | 现场工作人员每人1套 |
| 4 | 绝缘鞋 | 标称电压5kV以上 | 双 | 2 | 现场工作人员每人1双 |
| 5 | 绝缘手套 | 有明显且持久的标记 | 双 | 1 | 现场工作人员每人1双 |
| 6 | 脚扣 | 在安全试验周期内 | 双 | 1 | |

### 4. 作业危险点分析

攀登支柱属于高空作业,存在一定的危险性。作业危险点分析见表5-3。

作业危险点分析 表5-3

| 序号 | 危险点 |
|---|---|
| 1 | 攀登前未检查攀登工具,会发生高空坠落 |
| 2 | 安全带没有系在牢固构件上或系安全带后扣环没有扣好,会发生高空坠落事故 |
| 3 | 杆塔上作业转位时失去安全带保护,会发生高空坠落事故 |
| 4 | 两平行线路相互靠近,一行接触网停电,另一行接触网带电,不认真核对线路名称,会发生误登触电 |
| 5 | 两平行线路相互靠近,在无人监护单人作业时会发生误登触电 |
| 6 | 没有在工作区范围设立标示牌或护栏,造成人员误入 |
| 7 | 登杆前没有检查杆身是否倾斜或破损,杆根及基础是否牢固就登杆,发生高空坠落事故 |
| 8 | 杆上、杆下的作业人员没有戴安全帽,上下作业人员没有呼应,高空坠物造成人员头部受伤 |

### 5. 安全措施

攀登支柱作业必须采取安全措施,见表5-4。

攀登支柱作业采取的安全措施 表5-4

| 序号 | 安全措施 |
|---|---|
| 1 | 两条线路相互靠近,清扫检修作业应设专人监护,专职监护人不得兼任其他工作 |
| 2 | 作业人员应着装整齐 |

续上表

| 序号 | 安全措施 |
|---|---|
| 3 | 杆塔上作业转位时不得失去安全带保护 |
| 4 | 登杆时注意抓稳踏牢 |
| 5 | 应在工作区范围设立标示牌或护栏 |
| 6 | 登杆前应先检查杆身是否倾斜或破损,拉线是否牢固,杆根及基础是否牢固 |
| 7 | 登杆前应先检查杆上有无障碍,杆型较复杂的要先考虑登杆的路径 |
| 8 | 杆上、杆下的作业人员应戴安全帽,上下作业人员应呼应,杆下不准有人,同时应注意行人及车辆,必要时应有专人看护 |

## 二、作业标准

(1)登杆前穿戴好工作服,正确戴好安全帽,扣紧帽扣;穿戴系好工作胶鞋,检查并扎好安全带,将安全带系在臀部上部位置。需要监护的工作,监护人到位。

(2)试套脚扣,调节脚扣带到松紧适当,以不从脚面滑脱为宜;右脚扣套在杆根向上约30cm处,左脚扣套在右脚扣上部约30cm处,两脚扣的踏盘水平错开约30cm;根据个人习惯,先穿上扣套系好安全脚扣,再利用人体重量分别对两脚扣进行冲击试验。

(3)右手抱电杆底部后倾,左腿和右手同时用力向上登高一步,(左脚)上移,(右手)抱电杆,臀部后倾,同时用力上一步,交替攀登。每攀登一步都必须踩实,直至攀登至工作点。上杆过程中两手不得同时脱离电杆;在此操作期间脚扣可根据电杆的直径调节大、小。

(4)调节右脚扣时,身体的重心移至左脚,右脚扣脱离电杆,收腹,右肩抵住电杆,右手臂抱住电杆,用左手调节脚扣开度,使脚扣的开度与杆直径吻合。右脚扣套上电杆,身体重心转移至右脚扣,左手拢住电杆,同时右肩脱离电杆,身体站直。调整左脚扣时与此相反。

(5)上杆至作业点处时,应先系好安全带的保险绳,然后调整围杆带。保险绳应系在牢固的构件上,并检查确已系好后方可受力。右手握住保险挂钩绕到电杆后交于左手,同时右手抱电杆,左手将挂钩挂在腰带的另一侧钩环上,并将保险装置锁住。双脚交叉登紧脚扣,开始进行作业。登杆作业时,电杆下不得站人,防止东西坠落。

(6)下杆时,身体向前倾,安全带向下移动,左脚扣脱离电杆并端平,右脚弯曲至与大腿面水平,左脚向下套住电杆,前后防滑条和脚扣金属母材同时与电杆面接触,左手托住围杆带与左脚同步向下移动,左脚扣缓缓得力,身体重心移至左脚扣。右腿与此相反。

## 三、作业步骤

**1. 作业前准备**

个人着装:安全帽、工作服、绝缘鞋、个人工具、安全带。

2.作业开始

(1)检查攀登支柱是否已经停电并采取安全措施。

(2)检查支柱状态是否良好,检查支柱基础是否牢固。

(3)检查安全带、安全帽、绝缘鞋(脚扣)是否状态良好。

(4)观察支柱上有无其他设备,选择攀登方向和条件。

(5)攀登支柱手要把牢靠,脚踏稳踏准,尽量避开设备并与带电设备保持安全距离。

(6)安全带要系在支柱上或牢固的构架上。

(7)下支柱前,检查有无工具材料遗留在支柱上;选择下杆方向,脚步适中、平稳,安全可靠。

## 任务实施

| 任务名称 | 接触网支柱攀登 | | 工单号 | |
|---|---|---|---|---|
| 姓名 | | | 学号 | |
| 班级 | | | 日期 | |
| 操作任务：接触网支柱攀登 | | | | |
| 操作中存在的问题及解决方法： | | | | |
| 项目 | 赋分 | 自评得分 | 互评得分 | 教师评分 |
| 安全措施到位 | 20 | | | |
| 脚扣选择合理 | 20 | | | |
| 攀登动作准确 | 30 | | | |
| 实施结果正确 | 30 | | | |
| 综合得分（自评得分10%，互评得分30%，教师评分60%） | | | | |

## 任务考核

### 一、填空题

1. 攀登支柱包括_____支柱、_____支柱以及_____支柱。
2. 攀登支柱属于_____作业，存在一定的危险性。
3. 攀登支柱要_____，_____，尽量避开设备并与带电设备保持安全距离。

### 二、判断题

1. 登杆作业时，电杆下不得站人，防止东西坠落。　　　　　　　　　　（　　）
2. 上杆过程中两手不得同时脱离电杆。　　　　　　　　　　　　　　　（　　）
3. 下支柱前，应检查有无工具材料遗留在支柱上。　　　　　　　　　　（　　）

### 三、训练题

利用接触网演练场，进行接触网H型钢支柱、矩形横腹杆支柱、等径圆支柱等攀登训练。通过实际操作，熟练掌握接触网支柱攀登的方法及注意事项。

# 任务四　接地线挂拆

## 📋 任务单

| 任务名称 | 接地线挂拆 | 工单号 | |
|---|---|---|---|
| 姓名 | | 学号 | |
| 班级 | | 日期 | |
| 拟完成工作任务：<br>(1)掌握接地线接挂的步骤及注意事项。<br>(2)掌握接地线拆除的步骤及注意事项 ||||
| 学习重点：接触网接地线挂拆 ||||
| 学习难点：接触网接地线挂拆的步骤 ||||
| 教学所需设备：接触网模拟仿真沙盘、接触网演练场、接地线及安全防护用具 ||||

## 知识学习

接地线挂拆是接触网工基本必备技能之一，挂接地线的时候要先进行验电，确认停电后连接接地侧，再利用地线杆连接导体（一般挂在斜腕臂上），拆除接地线程序相反。接挂和拆除接地线的时候都要戴绝缘手套，人体不得接触接地线，如果误挂接地线或者接触接地线的时候误送电，后果很严重。接地线在出库的时候要检查一下，接地线不得有散股、断股现象，接地线杆要干净干燥，要定期做耐压试验，平时也要进行擦拭。接地线杆的两头封堵要完好。

挂拆接地线

## 一、作业目的

掌握接触网工挂拆接地线的注意事项及步骤，学会挂拆接地线的操作方法。

## 二、作业准备

1. 场地准备

接触网演练场或室内接触网综合演练基地。

2. 人员准备

人员分配表见表5-5。

人员分配表  表 5-5

| 分工 | 人数 | 作业内容 |
| --- | --- | --- |
| 工作领导人 | 1 | 指挥作业全过程,负责设备及全组人员的安全 |
| 操作人 | 1 | 验电、挂接地线 |
| 监护人 | 1 | 传递工具、安全防护 |

3. 工具及材料准备

工具材料表见表 5-6。

工具材料表  表 5-6

| 序号 | 名称 | 规格 | 单位 | 数量 | 备注 |
| --- | --- | --- | --- | --- | --- |
| 1 | 验电器 | 25kV | 个 | 1 | |
| 2 | 接地装置 | | 套 | 1 | |
| 3 | 安全帽 | | 顶 | 3 | |
| 4 | 绝缘鞋 | | 双 | 1 | |
| 5 | 绝缘手套 | | 双 | 1 | |
| 6 | 砂纸 | | 张 | 1 | |

4. 作业危险点分析

作业危险点分析见表 5-7。

作业危险点分析  表 5-7

| 序号 | 危险点 |
| --- | --- |
| 1 | 接挂和拆除接地线时,人体接触接地线,会发生触电事故 |
| 2 | 验电器不合格,验电不准确,会发生触电事故 |
| 3 | 高空设备掉落事故 |

5. 安全措施

为了保障作业安全,接地线作业采取的安全措施见表 5-8。

接地线作业采取的安全措施  表 5-8

| 序号 | 安全措施 |
| --- | --- |
| 1 | 接挂和拆除接地线时要戴绝缘手套,人体不得接触接地线 |
| 2 | 验电器和绝缘杆要定期检查 |
| 3 | 人工防护设备穿戴整齐 |

### 三、作业标准

(1)作业组在接到停电作业命令后须先验电接地,确认安全后方可作业。

(2)两接地线间距大于 1000m 时,需增设接地线。

(3)一般情况下,接触悬挂和附加导线及同杆架设的其他供电线路均需停电并接地。但若只在接触悬挂部分作业,不侵入附加导线及同杆架设的其他供电线路的安全距离,附加悬挂及同杆架设的其他供电线路可不接地。

(4)在电分段、软横跨等处作业时,中性区及一旦断开开关有可能成为中性区的停电设备均应接地线。当中性区长度小于10m时,在与接地设备等电位后可不接地线。

(5)接地线应可靠安装,不得侵入限界,并有防风摆措施。

(6)接地线应使用截面面积不小于25mm²的裸铜绞线制成并有透明护套保护。接地线不得有断股、散股和接头现象。

(7)在有轨道电路的区段作业时,两组接地线应接在同一侧钢轨上,且不应跨接在钢轨绝缘两侧。必须跨接在钢轨绝缘两侧时,应封闭线路。接地线穿越钢轨时,必须采取绝缘措施。

(8)当验明确已停电后,须立即在作业地点的两端和与作业地点相连、可能来电的停电设备上装设接地线;如作业区段附近有其他带电设备,在需要停电的设备上也装设接地线。

(9)在装设接地线时,将接地线的一端先行接地,再将另一端与被停电的导体相连。拆除接地线时,其顺序相反。接地线要连接牢固,接触良好。

(10)接挂接地线时,人体不得触及接地线,接好的接地线不得侵入建筑限界。连接或拆除接地线时,操作人要借助绝缘杆进行。同时,应保持绝缘杆清洁、干燥。

(11)验电和装设、拆除接地线必须由两人配合进行:一人操作,一人监护。

(12)在停电作业的接触网附近有平行带电的线路或接触网时,为防止感应危险电压,除按规定装设接地线外,还要增设接地线。

(13)关节式分相检修时,除在作业区两端工作支接地线外,还应在中性区导线上加挂一组接地线,并将两端口进行短接封线。

## 四、作业步骤

(1)作业人员到达现场整理着装,检查安全帽、绝缘鞋,携带安全合格证,报告准备就绪是否进行作业,接到作业命令后开始作业。

(2)确认装设接地线杆柱。

(3)选择装设接地线位置。

(4)检查安全用具:绝缘手套有试验合格证,在使用周期内,外观无破损,充气试验无漏气。绝缘靴有试验合格证,在使用周期内,外观无破损。

(5)检查工器具:绝缘杆有试验合格证,外观无破损。验电器有试验合格证,外观无破损,音响试验合格。接地线外观检查无断股、露线、接头,外套无破损,拉杆组装各部分连接牢固,无松动。

(6)对验电装置进行检查,音响自检合格,外观无破损,在同等级带电设备上进行试验合格。

(7)根据供电调度员命令,线路已停电,对接触网进行验电,装设接地线,确认无电。人员撤离至安全地带进行监护。

(8)工作结束后,拆除接地线。

## 五、注意事项

(1)作业人员穿绝缘靴,戴绝缘手套。

(2)将钢轨用砂纸打磨除锈,将接地端固定在一侧钢轨上防止影响行车及避免影响轨道信号电路。

(3)装设接地线时接地线不得接触人体,(挂接接地线完毕后)对绝缘杆、接地线采取防风摆措施,禁止侵入建筑限界。

(4)接挂接地线时,先接钢轨(地)端,再挂线路端;拆除接地线时,先拆线路端,再拆钢轨(地)端。

## 任务实施

| 任务名称 | 接地线挂拆 | 工单号 | |
|---|---|---|---|
| 姓名 | | 学号 | |
| 班级 | | 日期 | |
| 操作任务：接地线挂拆 | | | |
| 操作中存在的问题及解决方法： | | | |
| 项目 | 赋分 | 自评得分 | 互评得分 | 教师评分 |
| 安全措施到位 | 20 | | | |
| 挂拆位置正确 | 20 | | | |
| 挂拆顺序准确 | 30 | | | |
| 实施动作合理 | 30 | | | |
| 综合得分（自评得分10%，互评得分30%，教师评分60%） | | | | |

## 任务考核

### 一、填空题

1. 作业组在接到停电作业命令后须先_____，确认安全后方可作业。
2. 接地线杆要干净干燥，要定期做_____，平时也要进行擦拭。
3. 两接地线间距大于_____时，需增设接地线。

### 二、判断题

1. 接地线应使用截面面积不小于 $20mm^2$ 的裸铜绞线制成并有透明护套保护。（　　）
2. 验电和装设、拆除接地线必须由两人配合进行：一人操作，一人监护。（　　）
3. 在装设接地线时，可以先将一端与被停电的导体相连，再将另一端先行接地。（　　）

### 三、训练题

接地线被称为"生命线"，在停电作业时必须先验电接地再进行作业，请利用接触网演练场，两人一组按流程进行接触网接地线挂拆训练。通过实际操作，熟练掌握接地线挂拆的步骤、方法及注意事项。

# 任务五　腕臂地面预配

## 任务单

| 任务名称 | 腕臂地面预配 | 工单号 | |
|---|---|---|---|
| 姓名 | | 学号 | |
| 班级 | | 日期 | |
| 拟完成工作任务：<br>(1)掌握腕臂地面预配的材料选择与工具使用。<br>(2)掌握腕臂地面预配的步骤及注意事项 | | | |
| 学习重点：腕臂地面预配的方法 | | | |
| 学习难点：腕臂地面预配螺栓紧固的力矩 | | | |
| 教学所需设备：接触网模拟仿真沙盘、接触网演练场、腕臂预配材料及工器具 | | | |

腕臂地面预配

### 知识学习

完成对接触网腕臂的认知学习，熟知腕臂的计算方法、预配和安装步骤，掌握接触网腕臂的预配方法、步骤及技术标准。

## 一、作业目的

根据现场提供的接触网中间柱支持装置安装图，进行腕臂预配和装配，所有紧固件按规范力矩要求进行紧固。通过训练掌握接触网腕臂预配和安装操作技能。

## 二、作业准备

1. 场地准备

接触网演练场。

2. 人员准备

2人一组。

## 三、材料准备

1. 工具材料清单

工具清单见表5-9。

工具清单  表5-9

| 序号 | 名称 | 规格 | 单位 | 数量 | 备注 |
|---|---|---|---|---|---|
| 1 | 切割机 | 台式 | 台 | 1 | |
| 2 | 电钻 | 台式 | 台 | 1 | |
| 3 | 梅花扳手 | M17、M19、M18、M21 | 套 | 4 | |
| 4 | 力矩扳手 | | 套 | 2 | |
| 5 | 钢卷尺 | 2m | 把 | | 预配人员均1把 |
| 6 | 钢卷尺 | 5m | 把 | | 预配人员均1把 |
| 7 | 划线笔 | 钳工划线笔 | 支 | 3 | |
| 8 | 预配平台 | | 套 | 2 | |
| 9 | 钳子 | 200mm | 把 | | 预配人员均1把 |
| 10 | 记号笔 | | 支 | 2 | 标记号 |
| 11 | 压接线 | | 套 | 1 | 压接定位管吊线用 |
| 12 | 胶带 | | 盘 | 2 | |
| 13 | 管钳 | | 把 | 1 | |

2. 材料设备清单

材料设备清单见表5-10。

材料设备清单  表5-10

| 序号 | 名称 | 规格(mm) | 单位 | 数量 | 备注 |
|---|---|---|---|---|---|
| 1 | 斜腕臂 | $\phi70 \times 6$ | 件 | 若干 | 长度依据计算切割 |
| 2 | 承力索支撑线夹 | 按设计要求定 | 套 | | 数量按工程所需 |
| 3 | 套管单耳 | 按设计要求定 | 套 | | 数量按工程所需 |
| 4 | 平腕臂 | $\phi55 \times 6$ | 件 | 若干 | 长度依据计算切割 |
| 5 | 腕臂支撑 | $\phi42 \times 6$ | 套 | | 长度依据计算切割 |
| 6 | 双耳套筒 | $\phi42$ | 套 | | 腕臂支撑用单顶紧螺栓 |
| 7 | 双套管连接器 | $\phi70$、$\phi55$ | 套 | | 数量按工程所需 |
| 8 | 定位环 | 按设计要求定 | 套 | | 数量按工程所需 |
| 9 | 双耳套筒 | $\phi55$ | 套 | | 定位管用双顶紧螺栓 |
| 10 | 定位管 | $\phi55 \times 6$ | 套 | | 长度依据计算切割 |
| 11 | 组合定位器 | 按设计要求定 | 套 | 若干 | 数量按工程所需 |
| 12 | 电线连接 | CU35(35×33) | 套 | 若干 | 连接定位器与定位支座 |

续上表

| 序号 | 名称 | 规格(mm) | 单位 | 数量 | 备注 |
|---|---|---|---|---|---|
| 13 | 棒式绝缘子 | 按设计要求定 | 套 | 若干 | 数量按工程所需 |
| 14 | 管帽 | 按设计要求定 | 个 | 若干 | 数量按工程所需 |
| 15 | 吊线固定钩 | 按设计要求定 | 套 | 若干 | 数量按工程所需 |
| 16 | 防风拉线 | $\phi 3$ | 套 | 若干 | |
| 17 | 防风拉线固定环 | 按设计要求定 | 套 | 若干 | |
| 18 | 心形护环 | 按设计要求定 | 件 | 若干 | 加工定位管吊线装置 |
| 19 | 压接管 | 按设计要求定 | 件 | 若干 | 加工定位管吊线装置 |
| 20 | 不锈钢钢丝绳 | $\phi 19 \times 1$ | m | 若干 | 加工定位管吊线装置 |
| 21 | 镀锌铁线 | $\phi 2$ | kg | 若干 | 绑扎吊线夹 |
| 22 | 线鼻子 | 按设计要求定 | 件 | 若干 | |

## 四、作业步骤

1. 预配腕臂

(1)按支柱装配预制表尺寸,在斜腕臂上用钢卷尺测量出双套管连接器位置、定位环和安装腕臂支撑的套管单耳安装位置,用划线笔划线标识。装好定位环和套管单耳等连接螺栓处止动垫片,再用梅花扳手拧紧定位环和套管单耳的连接螺栓及斜腕臂的双耳终端线夹,并用力矩扳手检测达标。把止动垫片煨到位。

(2)按支柱装配预制表尺寸,在平腕臂上用钢卷尺测量出安装腕臂支撑和平、斜腕臂连接的双套筒连接器及承力索支撑线夹的安装位置,用划线笔划线标识。戴好连接螺栓处的止动垫片,再用梅花扳手拧紧其连接螺栓,并用力矩扳手检测达标。把止动垫片煨到位。戴上平腕臂管帽。

2. 预配组合定位装置

(1)在安装好双耳套筒的定位管上,按计算长度,用钢卷尺测出安装定位器支座、吊线的钩头定位管卡子和安装防风拉线的55型环头卡子安装位置,用划线笔划线标识。

(2)从另一头穿入限位支座线夹,定位管拉线用钩头定位管卡子及55型环头卡子按设计要求安装在各自位置,用梅花扳手拧紧其连接螺栓,并用力矩扳手检测达标。把止动垫片煨到位,安装好管帽。

(3)把定位管和定位器连接在一起,用$\phi 2$mm镀锌铁线捆扎在一起,在定位管上标记安装的支柱号。(正定位可与腕臂捆在一起)

(4)将定位支座与定位器的电连接固定一端在定位支座,另一端待正式安装时再进行连接。

预配过程中应注意轻拿轻放,严禁抛落、锤击等粗放作业,防止零件损伤。

## 任务实施

| 任务名称 | 腕臂地面预配 | | 工单号 | |
|---|---|---|---|---|
| 姓名 | | | 学号 | |
| 班级 | | | 日期 | |
| 操作任务:接触网腕臂地面预配 | | | | |
| 操作中存在的问题及解决方法: | | | | |
| 项目 | 赋分 | 自评得分 | 互评得分 | 教师评分 |
| 安全措施到位 | 20 | | | |
| 工具选择合理 | 20 | | | |
| 紧固力矩准确 | 20 | | | |
| 实施结果正确 | 40 | | | |
| 综合得分(自评得分10%,互评得分30%,教师评分60%) | | | | |

 任务考核

一、简答题

1. 腕臂地面预配作业的目的是什么?
2. 简述腕臂地面预配的作业步骤。

二、训练题

利用接触网演练场,进行接触网腕臂地面预配操作训练。通过实际操作,熟练掌握接触网腕臂地面预配的操作步骤及注意事项。

# 任务六　承力索回头制作

## 📋 任务单

| 任务名称 | 承力索回头制作 | 工单号 | |
|---|---|---|---|
| 姓名 | | 学号 | |
| 班级 | | 日期 | |
| 拟完成工作任务：<br>(1) 掌握承力索回头制作的材料选择及工具使用。<br>(2) 掌握承力索回头制作的步骤及注意事项 ||||
| 学习重点：接触网承力索回头制作的步骤 ||||
| 学习难点：接触网承力索回头制作的步骤及注意事项 ||||
| 教学所需设备：接触网模拟仿真沙盘，接触网演练场，承力索回头制作的材料、工具及安全用具 ||||

## 知识学习

承力索回头预制

接触网承力索在下锚或断线接续连接时需要通过楔形线夹制作连接头,本任务主要完成承力索连接头的制作。铁路的特殊作业环境和条件对承力索回头的性能要求很高,所以承力索回头的制作非常重要。

## 一、作业目的

了解承力索回头制作的步骤及注意事项,掌握承力索回头制作的方法。

## 二、作业准备

1. 场地准备

接触网演练场。

2. 人员准备

2人一组,人员分配见表5-11。

人员分配　　　　　　　　　　表5-11

| 分工 | 人数 | 作业内容 |
|---|---|---|
| 监护人 | 1 | 现场监护 |
| 作业人员 | 1 | 承力索回头制作 |

## 3. 工具及材料准备

工具材料表见表5-12。

**工具材料表**　　　　　　　　　　　　　　　　　　　　　　　　表5-12

| 序号 | 名称 | 规格 | 单位 | 数量 | 备注 |
|---|---|---|---|---|---|
| 一、主要工具 | | | | | |
| 1 | 断线钳 | | 把 | 1 | |
| 2 | 手锤 | 1kg | 把 | 1 | |
| 3 | 手钳 | 200mm | 把 | 1 | |
| 4 | 粉笔 | | 支 | 1 | |
| 5 | 钢卷尺 | 3m | 把 | 1 | |
| 6 | 回头绑扎板 | 特制型 | 块 | 1 | |
| 7 | 细绑线盘圈器 | 特制型 | 套 | 1 | 含手摇转圈钢管和轴支架两部分 |
| 二、主要材料 | | | | | |
| 1 | 钢绞线 | | km | | 规格数量依设计定 |
| 2 | 楔形线夹 | | 套 | | 规格数量依设计定 |
| 3 | 细绑线 | $\phi$1.6mm 镀锌铁线 | m | 6 | |
| 4 | 油漆 | 红色 | kg | | |

## 4. 作业危险点分析

作业危险点分析见表5-13。

**作业危险分析**　　　　　　　　　　　　　　　　　　　　　　　　表5-13

| 序号 | 危险点 |
|---|---|
| 1 | 承力索端头没有先绑扎,后断线,断线后散股,端头不平齐,会导致人身伤害 |
| 2 | 安装前没有检查接头线夹规格、型号是否与线材一致,导致成品不合格 |
| 3 | 小内楔子有毛刺,变形,会导致人身伤害 |

## 5. 安全措施

承力索回头制作必须采取安全措施,见表5-14。

**安全措施**　　　　　　　　　　　　　　　　　　　　　　　　表5-14

| 序号 | 安全措施 |
|---|---|
| 1 | 螺纹楔套有左右之分,左螺纹楔套和本体有槽沟,操作时不得装反 |
| 2 | 承力索端头应先绑扎,后断线,断线后不得散股,端头平齐 |
| 3 | 楔套旋进线夹本体时,必须保证两边螺纹楔套不动,只旋转线夹本体且两边旋进的深度一致 |
| 4 | 安装前应检查接头线夹规格、型号是否与线材一致,外观有无损伤,配件是否完整 |
| 5 | 小内楔子应无毛刺,变形 |

### 三、作业标准

1. 回头长度标准

L 弯短臂绞线长度(回头长)应为 300~500mm。

2. 回头绑扎标准

(1)绑扎外观标准:L 弯两臂绞线轴向应平行,不应打绞;O 形绑扎线圈应与其被绑扎的绞线紧密接触绑紧,不应松动;O 形绑扎线圈线之间应紧密相靠,不应重叠,不应分散。

(2)绑扎长度标准:O 形绑扎线圈紧密覆盖被绑扎的绞线部分长度宜为 100mm,允许施工偏差为 ±10mm。

3. 回头穿线方向标准

以楔形线夹的锥套载面"椭圆形"为参照,其靠近杵座(或双耳)连接轴心侧的椭圆形顶点侧为其楔形线夹的正确工作受拉力侧。回头 L 弯的长臂绞线(直接承受拉力的本线)应位于其楔形线夹锥套内的受拉力侧,不得装反。

### 四、作业步骤

1. 准备

根据设计,准备制作回头的钢绞线和细绑线。为便于绑扎操作,将 φ1.6mm 镀锌铁线适当拉伸,采用细绑线盘圈器将其盘成 φ50~80mm 的细绑线线圈。

2. 接头制作

(1)测标回头线长:在钢绞线端部测量出 500mm 的长度(回头线长度),并在此处用红漆毛笔做上细"|"型标记。

(2)顺向穿线:将绞线穿出楔形线夹锥套本体。

(3)搣弯:将钢绞线搣弯,弯头呈 L 形,使回头线长度标记号位于 L 弯的顶点。

(4)反向穿线:先用一只手托住楔形线夹,后用另一只手将 L 弯的短臂绞线头沿锥套的受力反侧反方向穿回楔形线夹锥套,使 L 弯的长臂绞线位于锥套的受力正侧。

(5)安装楔子:先用手托住楔形线夹与 L 弯绞线,将楔子放入绞线 L 弯内夹住,随即将 L 弯两臂绞线合拢握紧,使 L 弯两臂绞线进入楔形线夹的锥套。

(6)固定楔子:先用一只手将 L 弯的两绞线头合拢握紧提起,楔形线夹在下,呈于八字步中间的腰前;用另一只手握小锤,向下锤击楔形线夹的锥套外端缘边,直到锥套里的 L 弯顶点绞线压紧其锲子为止。

3. 绑扎

(1)穿绑扎板:先用一只手握住绑扎板,再用另一只手拿起绑扎线线圈,将绑扎线线头从板内侧右孔穿出,从板外侧左孔穿入,并预留约 150mm 线头在绑扎板内侧,在离其端头 130mm 处折直角。

(2)预置绑线头:把绑线的 130mm 部分顺直地放在 L 弯两臂绞线夹缝里预置下去,方向为其绑线头与 L 弯的短臂绞线头同端。

(3)绕制绑扎圈：以离开 L 弯回头的绞线头端部(向楔形线夹方向)130mm 处为起点，一只手的虎口托稳绞线并用拇指压住起点上的绑线不动；另一只手握护绑扎板，使其长边方向垂直于绞线轴向，其左孔出来的细绑线紧贴绞线，以绞线轴向为转轴，缓缓转动绑扎板，带动其绑线紧贴绞线外绕制成 O 形绑扎圈，并使 O 形绑扎圈紧密相依，直到缠绕严密覆盖其绞线长度达 100mm 时止。

(4)绕制绑线头：先用钳子将预留的绑线线头与缠绕 O 形绑扎圈够长后还剩余的尾线互绞三圈拧成一股，成为绑扎绞线头；然后剪掉还剩余的尾线，用钳子将绑扎线绞线头插入 O 形绑扎圈，并扶平整。

### 五、注意事项

(1)在回头制作过程中应注意轻拿轻放，严禁抛落、锤击等粗放作业，防止零件损伤，制作完成后清理现场废料。

(2)回头露出线夹长度为 300~500m，绑扎需密贴，无重叠现象。

(3)钢绞线镀锌层不得损坏，不得出现楔子装反或线夹受力面装反的情况。

(4)回头线与本线应平正，回头要一次挡成功，不得出现钢绞线妨碍销钉从线夹孔中穿过或妨碍与杵头绝缘子连接的情况。

## 任务实施

| 任务名称 | 承力索回头制作 | | 工单号 | |
|---|---|---|---|---|
| 姓名 | | | 学号 | |
| 班级 | | | 日期 | |
| 操作任务:承力索回头制作 ||||| 
| 操作中存在的问题及解决方法: ||||| 
| 项目 | 赋分 | 自评得分 | 互评得分 | 教师评分 |
| 安全措施到位 | 20 | | | |
| 工具选择合理 | 20 | | | |
| 穿向绑扎准确 | 30 | | | |
| 实施结果正确 | 30 | | | |
| 综合得分(自评得分10%,互评得分30%,教师评分60%) |||||

## 任务考核

**一、填空题**

1. 承力索回头 L 弯的短臂绞线长度(回头长)应为_____ mm。

2. 回头 L 弯的长臂绞线应位于其楔形线夹锥套内的_____侧,不得装反。

**二、简答题**

承力索回头制作的注意事项是什么?

**三、训练题**

利用接触网演练场,进行接触网承力索回头制作训练。通过实际操作,熟练掌握接触网承力索回头制作的步骤及注意事项。

## 任务七　接触线断线接续

### 任务单

| 任务名称 | 接触线断线接续 | 工单号 | |
|---|---|---|---|
| 姓名 | | 学号 | |
| 班级 | | 日期 | |
| 拟完成工作任务：<br>(1)掌握接触线断线接续的材料选择及工具使用。<br>(2)掌握接触线断线接续的步骤及注意事项 | | | |
| 学习重点：接触线断线接续的步骤 | | | |
| 学习难点：接触线断线接续的步骤及注意事项 | | | |
| 教学所需设备：接触网模拟仿真沙盘，接触网演练场，接触线断线接续的材料、工具及安全用具 | | | |

### 知识学习

故障抢修要坚持"先行供电、先通后复、先通一线"的原则,就是以最快的速度使牵引供电设备先行临时供电,必要时采取迂回供电、越区供电和降弓通过等措施,在保证安全和设备质量的前提下,缩短故障抢修时间。随后要尽快安排时间处理遗留问题使牵引供电设备尽快恢复正常技术状态。本任务涉及的接触线断线接续是按照天窗时间进行的接续训练。

接触线断线接续练习

### 一、作业目的

了解接触线断线故障出现的原因,熟悉接触线断线处理流程,掌握接触线断线接续处理方法。

### 二、作业准备

1. 场地准备

接触网演练场(停电状态)。

2. 人员准备

人员4~6人(不包括接地线、防护人员)。

3. 工具及材料准备

工具材料表见表5-15。

工具材料表　　　　　　　　　　　　　　　　　表 5-15

| 序号 | 名称 | 规格 | 单位 | 数量 | 备注 |
|---|---|---|---|---|---|
| 一、主要工具 ||||||
| 1 | 轨道车 | | 辆 | 1 | |
| 2 | 手扳葫芦 | | 个 | 2 | |
| 3 | 紧线器 | | 个 | 2 | |
| 4 | 摵弯机 | | 个 | 1 | |
| 5 | 力矩扳手 | | 套 | 5 | |
| 6 | 手锤 | | 把 | 1 | |
| 7 | 木槌 | | 把 | 1 | |
| 8 | 木板 | | 块 | 1 | |
| 9 | 平锉 | | 个 | 1 | |
| 10 | 三角锉 | | 个 | 1 | |
| 11 | 断线钳 | | 把 | 1 | |
| 12 | 钢锯 | | 把 | 1 | |
| 13 | 接触线校正扳手 | | 套 | 1 | |
| 14 | 单滑轮 | | 个 | 2 | |
| 二、主要材料 ||||||
| 1 | 接触线回头线夹 | | | | |
| 2 | 吊弦线夹 | | | | |
| 3 | 镀锌铁线 | φ4.0mm | | | |
| 4 | 铁丝套子 | | | | |
| 5 | 承力索接头线夹 | | | | |
| 6 | 楔形线夹 | | | | 中锚线夹 |
| 7 | 双孔连板 | | | | 球头挂环 |
| 8 | 小绑线 | | | | |
| 9 | 铜铝过渡衬套 | | | | |

4. 作业危险点分析

作业危险点分析见表 5-16。

作业危险点分析　　　　　　　　　　　　　　　表 5-16

| 序号 | 危险点 |
|---|---|
| 1 | 高压触电危险 |
| 2 | 紧线器紧线过程中可能发生线索击伤人事故 |
| 3 | 高空坠落危险 |
| 4 | 高空设备坠落砸伤人 |

5.安全措施

为了保障作业安全,接触线断线故障处理作业采取的安全措施见表5-17。

接触线断线故障处理作业采取的安全措施　　　表5-17

| 序号 | 安全措施 |
|---|---|
| 1 | 确认设备已经停电,验电接地后方可进入现场作业 |
| 2 | 在紧线过程中密切注意线索状态,若发现异常,立即停止紧线 |
| 3 | 在高空作业过程中务必系好安全带,做好安全措施 |
| 4 | 戴好安全帽,防止高空设备坠落砸伤 |

## 三、作业步骤

(1)在准备做接头的导线两侧适当位置安装紧线器,并与手扳葫芦相连(紧线器位置应与准备制作接头处距离大致相同)。

(2)摇紧手扳葫芦,使该段接触线张力转移到手扳葫芦上,并留出适宜长度,检查两端紧线器是否滑动,必要时采取防滑措施,然后用钢锯断开接触线,并注意锯齐,断头用锉和砂纸打磨平。

(3)制作接头。

(4)检查接头底部是否平滑,否则用平锉打磨处理。

(5)检查各螺栓是否紧固(螺栓紧固力矩、方法符合要求)。

(6)松开手扳葫芦,检查接头受力情况,无误后拆除全部工具。

## 四、注意事项

接触线断线接续过程中应注意工具轻拿轻放,严禁抛落、锤击等粗放作业,防止零件损伤,接续完成后清理现场废料。

## 任务实施

| 任务名称 | 接触线断线接续 | | 工单号 | |
|---|---|---|---|---|
| 姓名 | | | 学号 | |
| 班级 | | | 日期 | |
| 操作任务：接触线断线接续 | | | | |
| 操作中存在的问题及解决方法： | | | | |
| 项目 | 赋分 | 自评得分 | 互评得分 | 教师评分 |
| 安全措施到位 | 20 | | | |
| 工具选择合理 | 20 | | | |
| 接头制作准确 | 30 | | | |
| 实施结果正确 | 30 | | | |
| 综合得分（自评得分10%，互评得分30%，教师评分60%） | | | | |

## 任务考核

**一、填空题**

1. 故障抢修要坚持"先行供电、_____、_____"的原则。

2. 断线接续过程中应注意工具_____，严禁抛落、锤击等粗放作业，防止零件损伤，接续完成后清理_____。

**二、简答题**

1. 接触线断线接续的作业危险点有哪些？
2. 简述接触线断线接续的作业步骤。

**三、训练题**

利用接触网演练场（停电状态），进行接触线断线接续训练。通过实际操作，熟练掌握接触线断线接续的步骤及注意事项。

## 任务八　承力索断线接续

### 🔆 任务单

| 任务名称 | 承力索断线接续 | 工单号 | |
|---|---|---|---|
| 姓名 | | 学号 | |
| 班级 | | 日期 | |
| 拟完成工作任务：<br>(1)掌握承力索断线接续的材料选择及工具使用。<br>(2)掌握承力索断线接续的步骤及注意事项 | | | |
| 学习重点：承力索断线接续的步骤 | | | |
| 学习难点：承力索断线接续的步骤及注意事项 | | | |
| 教学所需设备：接触网模拟仿真沙盘,接触网演练场,承力索断线接续的材料、工具及安全用具 | | | |

### 🔆 知识学习

承力索除了承担将接触线悬挂起来的作用以外,还兼具载流作用,当发生承力索断线故障时,将严重影响列车行车。该类故障抢修必须遵循"先行供电、先通后复、先通一线"的原则,积极组织实施抢修,以最快的速度设法先行供电、疏通线路,并及早恢复设备正常的技术状态。本任务所涉及的承力索断线接续是按照天窗时间进行的接续训练。

承力索断线接续

### 一、作业目的

了解承力索断线故障出现的原因,熟悉承力索断线故障处理流程,掌握承力索断线接续处理方法。

### 二、作业准备

1. 场地准备

接触网演练场(停电状态)。

2. 人员准备

人员4~6人(不包括接地线、防护人员)。

3. 工具材料准备

工具材料表见表5-18。

工具材料表　　　　　　　　　　　　　表 5-18

| 序号 | 名称 | 规格 | 单位 | 数量 | 备注 |
|---|---|---|---|---|---|
| 一、主要工具 | | | | | |
| 1 | 作业车(车梯) | | 辆 | 1 | |
| 2 | 手扳葫芦 | | 个 | 2 | |
| 3 | 紧线器 | | 个 | 2 | |
| 4 | 搣弯机 | | 个 | 1 | |
| 5 | 力矩扳手 | | 套 | 5 | |
| 6 | 手锤 | | 把 | 1 | |
| 7 | 木棰 | | 把 | 1 | |
| 8 | 木板 | | 块 | 1 | |
| 9 | 平锉 | | 个 | 1 | |
| 10 | 三角锉 | | 个 | 1 | |
| 11 | 断线钳 | | 把 | 1 | |
| 12 | 钢锯 | | 把 | 1 | |
| 13 | 接触线校正扳手 | | 套 | 1 | |
| 14 | 单滑轮 | | 个 | 2 | |
| 15 | 激光测量仪 | | 台 | 1 | |
| 16 | 大绳 | | 条 | 1 | |
| 17 | 电工工具 | | 把 | 若干 | |
| 二、主要材料 | | | | | |
| 1 | 电连接线 | | | 若干 | |
| 2 | 承力索电连接线夹 | | | | |
| 3 | 绑扎线 | φ4.0mm | | | |
| 4 | 铁丝套子 | | | | |
| 5 | 承力索回头线夹 | | | | |
| 6 | 楔形线夹 | | | | 中锚线夹 |
| 7 | 双孔连板 | | | | 球头挂环 |
| 8 | 小绑线 | | | | |
| 9 | 铜铝过渡衬套 | | | | |

4. 作业危险点分析

作业危险点分析见表 5-19。

## 项目五 接触网检修维护

**作业危险点分析**　　　　　　　　　　　　　　　　　　　　表 5-19

| 序号 | 危险点 |
|---|---|
| 1 | 高压触电危险 |
| 2 | 紧线器紧线过程中可能发生线索击伤人事故 |
| 3 | 高空坠落危险 |
| 4 | 高空设备坠落砸伤人 |

**5. 安全措施**

为了保障作业安全,承力索断线故障处理作业采取的安全措施见表 5-20。

**承力索断线故障处理作业采取的安全措施**　　　　　　　表 5-20

| 序号 | 安全措施 |
|---|---|
| 1 | 确认设备已经停电,验电接地后方可进入现场作业 |
| 2 | 在紧线过程中密切注意承力索状态,若发现异常,立即停止紧线 |
| 3 | 在高空作业过程中务必系好安全带,做好安全措施 |
| 4 | 戴好安全帽,防止高空设备坠落砸伤 |

## 三、作业步骤

**1. 采用锥套式承力索回头线夹进行接头**

(1)在承力索断线的两端各 1m 处安装承力索卡线器,挂上手扳葫芦紧线使承力索卸载。

(2)旋开线夹:对接头线夹规格、型号及外观进行检查,确认与承力索型号一致,无裂纹和损伤,旋开接头线夹取出线夹内的楔子。

(3)穿线:将接头的承力索端部绑扎后剪成齐头,用钢锉锉平,达到光滑无毛刺的程度;将左右两螺纹大楔套分别套在两边的承力索端头上。用木槌轻轻垂直敲打楔套,使承力索端头向线夹内穿,绞线端部绑扎线随之向上移动,留在线夹外面。

(4)穿楔子:当承力索端头外露时,绞线外层自动松股散开,然后把楔子穿进承力索绞线的芯线股。同时使绞线外层的每股线自然、均匀地分布在内楔子四周表面上;两只手配合,一只手向外拉承力索,一只手顶紧大楔子,使内小楔子平端部外露于绞线端部 2mm。

(5)紧固:两人配合把左、右两楔套对准线夹本体,先用手把住左、右两楔套,旋转线夹本体,直至用手旋不动为止。如图 5-1 所示,用 3 把 450mm 扳手,其中 2 把分别卡住接头线夹的左、右螺纹楔套六棱,1 把卡住线夹本体,两边扳手不动,中间扳手旋转紧固,达到标准要求力矩。

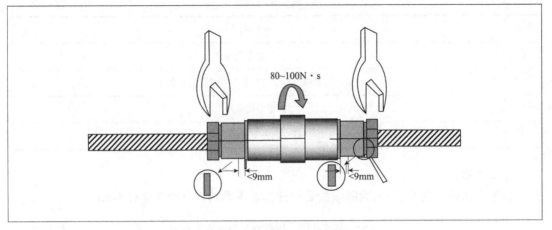

图 5-1　铜承力索回头示意图

(6) 接头完毕,拆除留在楔套外边绞线上的绑扎线。

2. 采用双耳楔形线夹制作接头

双耳楔形线夹制作接头采用 2 套双耳楔形线夹、1 件 770 型双环杆、1 组短接电连接的方式进行接头处理,如图 5-2 所示。

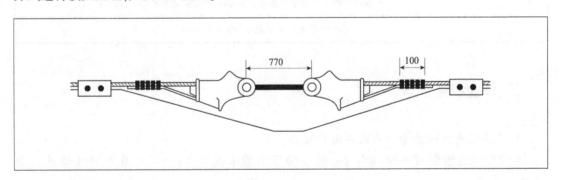

图 5-2　双耳楔形线夹作接头(尺寸单位:mm)

## 四、注意事项

(1) 承力索接头距悬挂点应不小于 2m,同一跨距内不允许有两个接头。
(2) 安装前应检查接头线夹规格、型号是否与线材一致,外观有无损伤,配件是否完整。
(3) 螺纹楔套有左右之分,左螺纹楔套和本体有槽沟,操作时不得装反。
(4) 紧固力矩按标准值进行紧固。
(5) 当车梯在曲线上或遇大风时,要对车梯采取防止倾倒的措施;当车梯在大坡道上时,要采取防止滑移的措施;当车梯放在道床、路肩上或作业人员超出工作台范围作业时,作业人员要将安全带系在接触网上,不得系在车梯工作台框架上;车梯在地面上推动时,工作台上不得有人停留。
(6) 在冰、雪、霜、雨等天气条件下,车梯应有防滑措施。

## 任务实施

| 任务名称 | 承力索断线接续 | | 工单号 | |
|---|---|---|---|---|
| 姓名 | | | 学号 | |
| 班级 | | | 日期 | |
| 操作任务:承力索断线接续 | | | | |
| 操作中存在的问题及解决方法: | | | | |
| 项目 | 赋分 | 自评得分 | 互评得分 | 教师评分 |
| 安全措施到位 | 20 | | | |
| 工具选择合理 | 20 | | | |
| 接头制作准确 | 30 | | | |
| 实施结果正确 | 30 | | | |
| 综合得分(自评得分10%,互评得分30%,教师评分60%) | | | | |

## 任务考核

**一、填空题**

1. 承力索回头距悬挂点应不小于_____,同一跨距内不允许有_____接头。
2. 承力索回头用螺母紧固力矩按_____进行紧固。

**二、简答题**

1. 承力索断线故障处理作业过程中的危险点有哪些?
2. 简述承力索断线接续的作业步骤。

**三、训练题**

利用接触网演练场(停电状态),进行承力索断线接续训练。通过实际操作,熟练掌握承力索断线接续的步骤及注意事项。

# 任务九　分段绝缘器更换

## 任务单

| 任务名称 | 分段绝缘器更换 | 工单号 | |
|---|---|---|---|
| 姓名 | | 学号 | |
| 班级 | | 日期 | |
| 拟完成工作任务：<br>(1)掌握分段绝缘器更换的材料选择及工具使用。<br>(2)掌握分段绝缘器更换的步骤及注意事项 | | | |
| 学习重点：分段绝缘器更换的步骤 | | | |
| 学习难点：分段绝缘器更换的步骤及注意事项 | | | |
| 教学所需设备：接触网模拟仿真沙盘，接触网演练场，分段绝缘器更换的材料、工具及安全用具 | | | |

## 知识学习

分段绝缘器更换

　　分段绝缘器是接触网进行电分段时采用的一种绝缘设备。正常情况下，受电弓带电滑行通过。当某一接触网分段发生故障或因施工停电时，打开分段绝缘器处的隔离开关将该部分接触网断电，而其他部分能正常供电。本任务涉及的分段绝缘器更换是按照天窗时间进行的更换训练。

## 一、作业目的

(1)通过检测发现并整改分段绝缘器各部件的缺陷问题。
(2)通过检查与调整，保证分段绝缘器处于良好的工作状态，受电弓能够平滑过渡。

## 二、作业准备

1. 场地准备

在接触网上安装分段绝缘(可以是菱形分段绝缘器、消弧分段绝缘器等任一种)，线路前后便于瞭望防护，采用梯车作业。

2. 人员准备

人员分配表见表5-21。

人员分配表　　　　表5-21

| 分工 | 人数 | 作业内容 |
|---|---|---|
| 工作领导人 | 1 | 负责指挥检修作业,承担总体安全监护责任 |
| 驻站联络员 | 1 | 负责办理作业手续,监护行车情况及联络现场 |
| 行车防护兼地线监护人 | 2 | 负责监护验电接地,并在作业过程中进行监护 |
| 地线操作人员 | 2 | 负责听从监护人员安排,执行验电接地 |
| 梯车高空作业人员 | 2 | 进行分段绝缘器的检修作业 |
| 梯车辅助人员 | 4 | 负责听从高空作业人员指令,移动和稳固梯车 |

3. 工具及材料准备

工具材料表见表5-22。

工具材料表　　　　表5-22

| 序号 | 名称 | 规格 | 单位 | 数量 | 备注 |
|---|---|---|---|---|---|
| 一、主要材料 | | | | | |
| 1 | 分段绝缘器 | | 台 | 1 | 具体型号根据现场选用 |
| 2 | 承力索分段绝缘子 | | 套 | 1 | 具体型号根据现场选用 |
| 3 | 绝缘滑道 | | 套 | 2 | 具体型号根据现场选用 |
| 4 | 导流板 | | 套 | 1 | 具体型号根据现场选用 |
| 5 | 接头线夹 | | 套 | 2 | 具体型号根据现场选用 |
| 6 | 螺栓 | | 套 | 适量 | |
| 7 | 弹簧垫片 | | 个 | 适量 | |
| 8 | 软态不锈钢丝 | φ1.6mm | kg | 适量 | |
| 9 | 软态不锈钢丝 | φ4.0mm | kg | 适量 | |
| 10 | 抹布 | | kg | 若干 | |
| 11 | 螺栓松动剂 | | kg | 1 | |
| 12 | 专用吊弦 | | 套 | 2 | |
| 二、主要工具 | | | | | |
| 1 | 梯车 | | 台 | 1 | |
| 2 | 接触网多功能检测仪 | DJJ-8 | 台 | 1 | |
| 3 | 紧线器 | 50~150kN | 个 | 2 | |
| 4 | 钢丝套子 | 2m | 套 | 2 | |
| 5 | 滑轮 | 0.5t | 个 | 1 | |
| 6 | 力矩扳手 | 0~100N·m | 套 | 1 | |
| 7 | 大绳 | φ18mm | 条 | 1 | |
| 8 | 小绳 | φ12mm | 条 | 1 | |

续上表

| 序号 | 名称 | 规格 | 单位 | 数量 | 备注 |
|---|---|---|---|---|---|
| 二、主要工具 | | | | | |
| 9 | 锉刀 | | 把 | 1 | |
| 10 | 扭面器 | | 套 | 2 | |
| 11 | 钢锯 | | 把 | 1 | |
| 12 | 撅弯机 | | 个 | 1 | |
| 13 | 梅花扳手 | 10~16mm | 套 | 2 | |
| 14 | 专用工具 | | 套 | 1 | 分段用 |
| 15 | 弹簧秤 | 0.5t | 个 | 1 | |
| 16 | 链式手扳葫芦 | 1.5t | 个 | 1 | |
| 17 | 水平尺 | 600mm | 把 | 1 | |
| 18 | 安全带 | | 条 | | 现场作业人员每人1条 |
| 19 | 安全帽 | | 顶 | | 现场作业人员每人1顶 |
| 20 | 电工工具 | | 套 | | 现场作业人员每人1套 |
| 21 | 防护旗 | 红、黄 | 面 | 2 | |
| 22 | 接地线 | | 组 | 4 | |
| 23 | 验电器 | 27.5kV | 个 | 2 | |
| 24 | 绝缘手套、绝缘靴 | | 双 | 各2 | |
| 25 | 跨接线 | | 套 | 1 | |
| 26 | 钢丝刷 | | 把 | 2 | |

**4. 作业危险点分析**

作业危险点分析见表5-23。

作业危险点分析　　　　　　　　　　　表5-23

| 序号 | 危险点 |
|---|---|
| 1 | 高空作业未遵守安全规程,会发生高空坠落 |
| 2 | 梯车辅助人员确定梯车状态,做好防倾斜、防滑措施;防护人员来按要求设置防护 |
| 3 | 检修绝缘器作业时,可能会有残余电荷,发生电击伤 |
| 4 | 检修时,碰撞绝缘器和用脚踩踏分段绝缘器会损伤设备 |
| 5 | 清扫硅橡胶绝缘时,使用带溶剂的清洗剂,会损伤绝缘子 |
| 6 | 在安装过程中,紧线器会滑动,造成受力状态不稳 |
| 7 | 调直接触线操作不当,会造成机械损伤 |

**5. 安全措施**

为了保障作业安全,作业采取的安全措施见表5-24。

作业采取的安全措施　　　　　　　　　表 5-24

| 序号 | 安全措施 |
|---|---|
| 1 | 检修分段绝缘器必须申请天窗作业。作业应设专人监护,专职监护人不得兼任其他工作 |
| 2 | 接地操作员应在可能来电的方向挂接地线,确保作业人员人身安全 |
| 3 | 高空作业必须由两人配合进行,一人为主,主要进行安装作业,另一人辅助,主要观察分段绝缘器更换过程中两边接触线及承力索的受力情况,以及吊弦的偏移情况 |
| 4 | 检修绝缘器作业时,应用不小于 $25mm^2$ 的等位线先连接等位后再进行作业 |
| 5 | 检修时不得碰撞绝缘器和用脚踩踏分段绝缘器 |
| 6 | 清扫硅橡胶绝缘时,严禁使用带溶剂的各种清洗剂,可使用中性清洗液(粉) |
| 7 | 在安装过程中注意防止紧线器滑动,断线前必须检查紧线器的受力状态 |
| 8 | 调直接触线应用直弯器或用木棰敲打,严禁使用铁锤、铁管等硬物敲击,防止机械损伤 |

## 三、作业步骤

1. 作业准备

设置防护:检查梯车、工具材料;个人着装:安全帽、工作服、绝缘鞋、个人工具、安全带等穿戴齐全;检查分段绝缘器编号和型号是否正确;检查设备是否已经验电接地;检查是否已经采取安全措施,梯车是否到位。

2. 清扫绝缘部件

按照产品说明书要求清扫绝缘部件。

3. 调整偏移

分段绝缘器与受电弓中心偏移超过规定值时,调整跨距两端定位点拉出值,以满足绝缘器中心位置要求。

4. 更换分段绝缘器

(1)在需要更换的分段绝缘器两侧接触线适当位置分别安装紧线器,用手扳葫芦连接。

(2)收紧手扳葫芦,使分段绝缘器卸载。

(3)拆下旧分段绝缘器。

(4)安装新分段绝缘器。

(5)调整新分段绝缘器至标准状态。

5. 检查过渡情况

若连接处过渡不平滑、运行不稳定。

(1)打磨连接部分,并调整连接处高差,用水平尺、模拟受电弓滑过绝缘器工作面,保证过渡平滑。

(2)金属滑道烧伤时,用砂布或锉刀打磨平滑,严重时进行更换。

6. 作业结束

(1)检查有无工具、材料遗落在设备上,应确认无遗落。

(2)下梯车,脚步适中、平稳,安全可靠。

(3)通知拆除接地线,解除防护。

### 四、注意事项

(1)紧固力矩按标准值进行紧固。

(2)当车梯在曲线上或遇大风时,对车梯要采取防止倾倒的措施;当车梯在大坡道上时,要采取防止滑移的措施;当车梯放在道床、路肩上或作业人员超出工作台范围作业时,作业人员要将安全带系在接触网上,不得系在车梯工作台框架上;车梯在地面上推动时,工作台上不得有人停留。

(3)在冰、雪、霜、雨等天气条件下,车梯应有防滑措施。

## 任务实施

| 任务名称 | 分段绝缘器更换 | | 工单号 | |
|---|---|---|---|---|
| 姓名 | | | 学号 | |
| 班级 | | | 日期 | |
| 操作任务：分段绝缘器更换 ||||| 
| 操作中存在的问题及解决方法： |||||
| 项目 | 赋分 | 自评得分 | 互评得分 | 教师评分 |
| 安全措施到位 | 20 | | | |
| 工具选择合理 | 20 | | | |
| 更换调整准确 | 30 | | | |
| 实施结果正确 | 30 | | | |
| 综合得分（自评得分10%,互评得分30%,教师评分60%） |||||

## 任务考核

**一、填空题**

1. 分段绝缘器是接触网进行_____时采用的一种绝缘设备。
2. 分段绝缘器更换时需要作业人员_____人。

**二、简答题**

1. 分段绝缘器检修作业过程中的危险点有哪些？
2. 分段绝缘器检修作业时的注意事项有哪些？

**三、训练题**

利用接触网演练场（停电状态），进行分段绝缘器更换训练。通过实际操作，熟练掌握分段绝缘器更换的步骤及注意事项。

# 任务十　定位装置的更换及拉出值调整

## 任务单

| 任务名称 | 定位装置的更换及拉出值调整 | 工单号 | |
|---|---|---|---|
| 姓名 | | 学号 | |
| 班级 | | 日期 | |

拟完成工作任务：
(1)掌握定位装置的更换及拉出值调整的材料选择及工具使用。
(2)掌握定位装置的更换及拉出值调整的步骤及注意事项

学习重点：定位装置的更换及拉出值调整的步骤

学习难点：定位装置的更换及拉出值调整的步骤及注意事项

教学所需设备：接触网模拟仿真沙盘，接触网演练场，定位装置的更换及拉出值调整的材料、工具及安全用具

## 知识学习

定位装置的更换及拉出值调整

　　定位装置的更换及拉出值调整是接触网工基本必备技能之一，属于高空作业，危险系数较高，实训过程中务必注意人员安全。接触线拉出值是接触网自身结构参数，其取值直接关系弓网运行安全。从案例发现，75%刮弓事故都是因为拉出值没有按照设计值来调整而造成的，可见掌握拉出值的检调尤为重要。具体操作时用测量仪器测出现有拉出值，与标准值进行比较，计算出差值。在停电作业时，做好安全措施，利用梯车进行调整。首先确定线索的受力方向进而决定自己应站在线索的哪一侧(以防松开定位环时将自己打伤)。在调整过程中，首先，在定位管上标出调整后的定位环位置；然后，一人稳住接触线(目的是松开定位环时不要让线剧烈晃动)，另一个人慢慢打开定位环，当定位环开始松动时便可以利用一些工具敲打定位环到达标线位置，用力矩扳手上紧定位环的螺栓即可；最后，让地面人员复测，看是否调整到位。

## 一、作业目的

通过对定位装置的检调、拉出值调整，任务的实施能使接触线的拉出值达到《接触网运行检修规程》所要求的标准；学会拉出值检调的方法，熟悉使用相关工具，提高实操动手能力。

## 二、作业准备

1. 场地准备

接触网演练场(停电状态)。

## 2. 人员准备

人员分配表见表 5-25。

人员分配表　　　　　　　　　　　　表 5-25

| 分工 | 人数 | 作业内容 |
|---|---|---|
| 工作领导人 | 1 | 指挥作业全过程,负责设备及全组人员的安全 |
| 操作人 | 1 | 拉出值调整 |
| 监护人 | 1 | 作业安全监护 |
| 其他人员 | 4 | 推梯车 |

## 3. 工具及材料准备

工具材料表见表 5-26。

工具材料表　　　　　　　　　　　　表 5-26

| 序号 | 名称 | 规格 | 单位 | 数量 | 备注 |
|---|---|---|---|---|---|
| 一、主要工具 | | | | | |
| 1 | 激光测量仪 | DJJ-8 | 台 | 1 | |
| 2 | 钢卷尺 | | 把 | 1 | |
| 3 | 安全帽 | | 顶 | 8 | |
| 4 | 滑轮组 | | 个 | 1 | |
| 5 | 手锤 | | 把 | 1 | |
| 6 | 钢丝套子 | | 套 | 1 | |
| 7 | 校正扳手 | | 套 | 1 | |
| 8 | 温度计 | | 支 | 1 | |
| 9 | 工具包 | | 个 | 2 | |
| 10 | 游标卡尺 | | 把 | 1 | |
| 11 | 手扳葫芦 | | 个 | 1 | |
| 12 | 紧线器 | | 个 | 1 | |
| 13 | 平锉 | | 个 | 1 | |
| 14 | 断线钳 | | 把 | 1 | |
| 15 | 五轮电车线校直器 | | 个 | 1 | |
| 16 | 力矩扳手 | | 套 | 2 | |
| 17 | 塞尺 | | 把 | 1 | |
| 18 | 平板尺 | | 把 | 1 | |
| 二、主要材料 | | | | | |
| 1 | 定位环 | | 套 | 1 | |
| 2 | 定位线夹 | | 套 | 1 | |

续上表

| 序号 | 名称 | 规格 | 单位 | 数量 | 备注 |
|---|---|---|---|---|---|
| 二、主要材料 | | | | | |
| 3 | 开口销 | | 个 | 1 | |
| 4 | 软胎不锈钢丝 | φ3.5mm | m | | |
| 5 | 吊弦线夹 | | 套 | 1 | |
| 6 | 吊弦 | | 套 | 1 | |
| 7 | 接头线夹 | | 套 | 1 | |
| 8 | 接触导线 | | 套 | 1 | |
| 9 | 各种型号螺栓 | | 套 | 1 | |

**4. 作业危险点分析**

作业危险点分析见表 5-27。

**作业危险点分析** 表 5-27

| 序号 | 危险点 |
|---|---|
| 1 | 车梯倾倒砸伤人员 |
| 2 | 作业人员高空掉落 |
| 3 | 感应电伤人 |

**5. 安全措施**

为了保障作业安全,拉出值调整作业采取的安全措施见表 5-28。

**拉出值调整作业采取的安全措施** 表 5-28

| 序号 | 安全措施 |
|---|---|
| 1 | 推梯车人员不得少于 4 人,并听从车梯上作业人员的指挥,推行速度不得大于 5km/h,车梯未放稳前不得登梯作业,作业完毕应将车梯放倒 |
| 2 | 高空作业系好安全带,戴好安全帽 |
| 3 | 做好验电接地封线,防止感应电伤人 |
| 4 | 在静态测量接触导线拉出值("之"字值)时,要尽量使用激光测量仪等先进测量手段,减少人为因素造成的测量误差 |
| 5 | 若使用测杆测量拉出值,要严格按照计算公式计算拉出值,切不可按照估算的方法进行拉出值计算 |
| 6 | 对于半斜链形悬挂方式,调整拉出值("之"字值)后,要检查定位线夹及其两侧吊弦线夹偏斜是否打弓 |
| 7 | 调整拉出值("之"字值)后,要对接触线高度进行复测,避免检调引起导高的变化 |
| 8 | 人员、机具必须保证规定的安全距离,不得进入邻线,不得影响相邻轨道电路 |
| 9 | 两部车梯同时作业时,要加强联系,相互配合 |
| 10 | 高空作业人员作业时要认真分析接触线受力方向,避免线索弹回伤人 |
| 11 | 作业时禁止作业人员踩踏接触线和定位器,禁止作业平台碰到接触线 |

## 三、作业步骤

（1）调整前要进行修前测量，依据设计值与实际值确定调整量及调整方案，调整前要测量接触线导高值。

（2）按事先确定的调整量，在定位管上调整定位器安装位置，对于小限界使用的特型定位器，要在斜腕臂上调整定位器的安装位置。

（3）调整完毕后，重新测量接触线拉出值（"之"字值），直至符合要求。

（4）接触导线拉出值（"之"字值）的调整应注意以下几点：

①在静态测量接触导线拉出值（"之"字值）时，要尽量使用激光测量仪等先进测量手段，减小人为因素造成的测量误差。

②若使用测杆测量拉出值，要严格按照计算公式计算拉出值，切不可按照估算的方式进行拉出值计算。

③对于半斜链形悬挂方式，调整拉出值（"之"字值）后，要检查定位线夹及其两侧吊弦线夹偏斜是否打弓。

④调整拉出值（"之"字值）后，要对接触线高度进行复测，避免检调引起导高的变化。

## 四、注意事项

（1）人员、机具必须保证规定的安全距离，不得进入邻线，不得影响相邻轨道电路。

（2）两部车梯同时作业时，要加强联系，相互配合。

（3）高空作业人员作业时要认真分析接触线受力方向，避免线索弹回伤人。

（4）作业时禁止作业人员踩踏接触线和定位器，禁止作业平台碰到接触线。

（5）安装定位器上的定位线夹时，应使其螺母受压，定位线夹与接触线接触面应涂电力复合脂。

（6）定位环应沿线路方向垂直安装，定位管上定位环的安装位置距定位管根部不小于40mm，定位装置各部件之间应连接可靠，定位钩与定位环的铰接状态良好。

## 任务实施

| 任务名称 | 定位装置的更换及拉出值调整 | 工单号 | |
|---|---|---|---|
| 姓名 | | 学号 | |
| 班级 | | 日期 | |
| 操作任务:定位装置的更换及拉出值调整 ||||
| 操作中存在的问题及解决方法: ||||
| 项目 | 赋分 | 自评得分 | 互评得分 | 教师评分 |
| 安全措施到位 | 20 | | | |
| 工具选择合理 | 20 | | | |
| 更换调整准确 | 30 | | | |
| 实施结果正确 | 30 | | | |
| 综合得分(自评得分10%,互评得分30%,教师评分60%) |||||

## 任务考核

**一、填空题**

拉出值调整前要进行修前测量,依据_____与_____确定调整量及调整方案,调整前要测量接触线导高值。

**二、简答题**

1. 简述定位装置的更换及拉出值调整作业采取的安全措施。
2. 定位装置的更换及拉出值调整作业的注意事项有哪些?

**三、训练题**

利用接触网演练场(停电状态),进行定位装置的更换及拉出值调整训练。通过实际操作,熟练掌握定位装置的更换及拉出值调整的步骤及注意事项。

# 任务十一　吊弦调整与更换

## 📋 任务单

| 任务名称 | 吊弦调整与更换 | 工单号 | |
|---|---|---|---|
| 姓名 | | 学号 | |
| 班级 | | 日期 | |
| 拟完成工作任务：<br>(1)掌握吊弦调整与更换的材料选择及工具使用。<br>(2)掌握吊弦调整与更换的步骤及注意事项 | | | |
| 学习重点：吊弦调整与更换的步骤 | | | |
| 学习难点：吊弦调整与更换的步骤及注意事项 | | | |
| 教学所需设备：接触网模拟仿真沙盘、接触网演练场、吊弦调整与更换的材料、工具及安全用具 | | | |

## 📖 知识学习

吊弦调整与更换是接触网工基本必备技能之一，属于高空作业，危险系数较高，实训过程中务必注意人员安全。通过实作练习，掌握吊弦调整与更换的步骤及注意事项，提高学生动手能力。

吊弦更换

## 一、作业目的

掌握整体吊弦调整与更换的方法。

## 二、作业准备

**1. 场地准备**

接触网演练场（停电状态）。

**2. 人员准备**

人员分配表见表 5-29。

人员分配表　　　　　　　　　　　　　　　表 5-29

| 分工 | 人数 | 作业内容 |
|---|---|---|
| 工作领导人 | 1 | 指挥作业全过程，负责设备及全组人员的安全 |
| 操作人 | 2 | 下料、加工、预制、标识、包装、更换吊弦 |

续上表

| 分工 | 人数 | 作业内容 |
|---|---|---|
| 监护人 | 1 | 作业安全监护 |
| 其他人员 | 4 | 推梯车及辅助作业 |

**3. 工具及材料准备**

工具材料表见表5-30。

工具材料表　　　　　　　　　　　　　　表5-30

| 序号 | 名称 | 规格 | 单位 | 数量 | 备注 |
|---|---|---|---|---|---|
| 一、主要工具 | | | | | |
| 1 | 激光测量仪 | DJJ-8 | 台 | 1 | |
| 2 | 钢卷尺 | | 把 | 1 | |
| 3 | 皮尺 | 100m | 把 | 1 | |
| 4 | 校正扳手 | | 套 | 1 | |
| 5 | 温度计 | | 支 | 1 | |
| 6 | 验电器 | | 个 | 1 | |
| 7 | 接地装置 | | 套 | 1 | |
| 8 | 力矩扳手 | | 套 | 1 | |
| 9 | 安全防护用具 | | 套 | 若干 | 防护到位 |
| 二、主要材料 | | | | | |
| 1 | 弹性吊弦辅助绳 | | m | 若干 | 根据实际确定 |
| 2 | 简单悬挂吊索 | | m | 若干 | 根据实际确定 |
| 3 | 各种型号螺母 | | 个 | 若干 | 根据实际确定 |
| 4 | 软态不锈钢丝线 | $\phi 3.5mm$ | m | 若干 | 根据实际确定 |
| 5 | 吊弦线夹 | | 套 | 若干 | 根据实际确定 |
| 6 | 吊弦 | 根据需要选整体吊弦 | 套 | 若干 | 根据实际确定 |
| 7 | 接头线夹 | | 套 | 若干 | 根据实际确定 |
| 8 | 接触导线 | | 套 | 若干 | 根据实际确定 |
| 9 | 各种型号螺栓 | | 套 | 若干 | 根据实际确定 |
| 10 | 8号铁丝 | $\phi 4mm$ | m | 5 | |

**4. 作业危险点分析**

作业危险点分析见表5-31。

作业危险点分析　　　　　　　　　　　　　　　表 5-31

| 序号 | 危险点 |
|---|---|
| 1 | 吊弦材质较硬,容易将手磨伤 |
| 2 | 车梯倾倒砸伤人员 |
| 3 | 作业人员高空掉落 |
| 4 | 感应电伤人 |

5. 安全措施

为了保障作业安全,调整与更换吊弦作业采取的安全措施见表 5-32。

调整与更换吊弦作业采取的安全措施　　　　　　　表 5-32

| 序号 | 安全措施 |
|---|---|
| 1 | 调整与更换吊弦时务必戴好手套 |
| 2 | 推梯车人员不得少于 4 人,并听从车梯上作业人员的指挥,推行速度不得大于 5km/h,车梯未放稳前不得登梯作业,作业完毕应将车梯放倒 |
| 3 | 高空作业系好安全带,戴好安全帽 |
| 4 | 做好验电接地线,防止感应电伤人 |
| 5 | 紧固时必须使用力矩扳手,按相应规定的力矩进行紧固 |
| 6 | 检调整体吊弦时,必须防止紧固的过程中吊弦绞线断股现象的发生 |
| 7 | 在检修过程中,不得踩踏接触线,并严防机具碰到接触线 |
| 8 | 在检修过程中,必须采取相应安全措施,确保人身、设备安全 |

## 三、作业标准

1. 吊弦安装

吊弦线夹必须夹持紧固,整体吊弦断股不得超过 3 股。

2. 吊弦长度

吊弦的长度要能适应在极限温度范围内接触线的伸缩和弛度的变化,200km/h 区段最短吊弦不应小于 500mm,250km/h 处吊弦不应小于 600mm,否则应采用滑动吊弦。

整体吊弦:吊弦预制长度应与计算长度相等,误差为 ±2mm。吊弦截面损耗不得超过 20%。吊弦线夹在直线处应保持铅垂状态,曲线处应与接触线的倾斜度一致。

3. 吊弦偏移

在无偏移温度时处于铅垂状态;在极限温度时,顺线路方向的偏移值不得大于吊弦长度的 1/3(200km/h 及以上区段不得大于吊弦长度的 1/5)。

4. 吊弦间距

160km/h 及以下区段≤12m,160km/h 以上区段≤10m,容许误差 ±50mm。一跨内吊弦要按要求均匀布置,各吊弦受力均衡,定位两侧吊弦处接触线高度一致。

## 四、检查测量内容及方法

(1)检查测量整体吊弦的长度和偏移是否符合要求,间距布置是否合理,有无锈蚀和烧伤,吊弦线夹有无裂纹和变形。

(2)检查载流环安装方向和角度是否正确,线鼻子有无裂纹,线索有无烧伤、断股、散股,若有,予以更换。

(3)检查吊弦线夹安装是否正确、紧固,有无偏斜打碰弓危险,若有,予以调整。

(4)检查吊弦线夹有无裂纹和变形,若有,予以更换。

(5)检查整体吊弦是否锈蚀、磨耗、烧伤、断股、散股,若是,予以更换。

(6)检查整体吊弦偏移是否符合要求,若不符合,予以调整。

## 五、调整与更换吊弦方法

1. 调整吊弦线夹偏斜、扭面、不顺直

(1)根据测量结果,在导线上标注安装点,将吊导线抬起使吊弦不受力,移动吊弦线夹至标注点,紧固螺栓。

(2)如导线出现扭曲导致的线夹不正,将吊弦线夹取下后,用导线校面器校正导线面至符合要求后再安装。

2. 更换整体吊弦的方法

(1)根据需要的长度截取吊弦用铜绞线。

(2)用专用工具在两端压接线鼻子及铜线夹箍,压接工艺及质量要求参照相关作业指南。

(3)拆除旧吊弦安装新吊弦。用线坠对准钢轨上的安装位置,反引到承力索上,安装人员配合,并标记安装位置。先安装承力索上的吊弦线夹,再安装接触线上的吊弦线夹。承力索上吊弦线夹和接触线上的吊弦线夹安装如图5-3、图5-4所示。

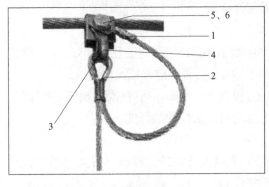

图5-3 承力索吊弦线夹安装
1-线鼻子;2-心形环;3-线夹箍;4-吊环;5、6-六角螺栓M10、六角螺母M10

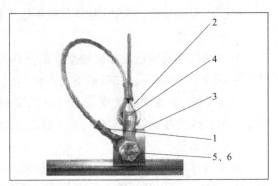

图5-4 接触线吊弦线夹安装图
1-线鼻子;2-心形环;3-线夹箍;4-吊环;5、6-六角螺栓M10、六角螺母M10

(4)进行复测使其达到要求。

## 六、技术标准

(1)吊弦偏移。在接触线与承力索同材质时,吊弦在任何情况下均垂直(交叉吊弦除外)。在无偏移温度时,吊弦垂直;在极限温度时,顺线路方向的偏移值不得大于20mm。

(2)吊弦状态。吊弦的长度要能适应在极限温度范围内接触线的伸缩和弛度的变化,否则,应采用滑动吊弦。吊弦预制长度应与计算长度相等,误差应不大于±2mm。吊弦截面损伤不得超过20%。

(3)吊弦线夹状态。吊弦线夹在直线处应保持铅垂状态,曲线处应与接触线的倾斜度一致,如图5-5所示。

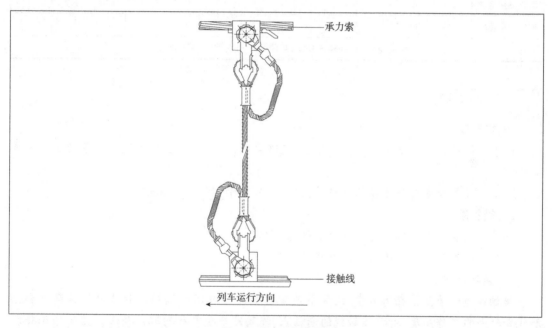

图5-5 载流环的位置图

(4)吊弦载流环。吊弦载流环应固定在吊弦线夹螺栓的外侧,载流环应朝向列车前进方向,线鼻子与接触线的夹角不得小于30°。

(5)相邻吊弦高差≤10mm。

## 七、注意事项

(1)装卸整体吊弦时,应注意防止其滑脱弹起伤人。
(2)装卸整体吊弦时,应防止人为损伤吊弦本体。
(3)确认承力索、接触线的吊弦线夹类型安装正确。
(4)要注意保持相邻悬挂点(定位点)间导线坡度符合规定。

## 任务实施

| 任务名称 | 吊弦调整与更换 | 工单号 | |
|---|---|---|---|
| 姓名 | | 学号 | |
| 班级 | | 日期 | |
| 操作任务：吊弦调整与更换 ||||
| 操作中存在的问题及解决方法： ||||
| 项目 | 赋分 | 自评得分 | 互评得分 | 教师评分 |
| 安全措施到位 | 20 | | | |
| 工具选择合理 | 20 | | | |
| 调整更换准确 | 30 | | | |
| 实施结果正确 | 30 | | | |
| 综合得分（自评得分10%，互评得分30%，教师评分60%） ||||

注：上表最后一行跨列合并。

## 任务考核

### 一、填空题

1. 吊弦调整与更换属于_____作业，危险系数_____，在实训过程中务必注意人员安全。
2. 吊弦预制长度应与计算长度相等，误差应不大于_____ mm。

### 二、简答题

1. 吊弦调整与更换作业过程中的危险点有哪些？
2. 吊弦调整与更换作业的技术标准有哪些？

### 三、训练题

接触线通过吊弦挂在承力索上，调节吊弦的长度可以保证接触线悬挂的结构高度和接触线距轨面的工作高度，增加接触线的悬挂点，提高动车受电弓的取流质量。为了保证接触线的平顺，每一根吊弦的长度、安装位置都不能有偏差。请利用接触网演练场（停电状态），进行吊弦测量，不满足要求的进行吊弦调整与更换训练。通过实际操作，熟练掌握吊弦调整与更换的步骤及注意事项。

# 任务十二  $b$ 值调整

## 🌸 任务单

| 任务名称 | $b$ 值调整 | 工单号 | |
|---|---|---|---|
| 姓名 | | 学号 | |
| 班级 | | 日期 | |
| 拟完成工作任务：<br>(1) 掌握 $b$ 值调整的材料选择及工具使用。<br>(2) 掌握 $b$ 值调整的步骤及注意事项 | | | |
| 学习重点：$b$ 值调整的步骤 | | | |
| 学习难点：$b$ 值调整的步骤及注意事项 | | | |
| 教学所需设备：接触网模拟仿真沙盘，接触网演练场，$b$ 值调整的材料、工具及安全用具 | | | |

## 🌸 知识学习

坠砣串最下面一块坠砣的底面至地面(或基础面)的距离为 $b$ 值。补偿装置靠坠砣串的重力使线索的张力保持平衡，当温度变化时，线索的伸缩使坠砣串上升或下降。当坠砣串下降过多使坠砣串底面接触地面时，补偿装置就会失去补偿作用。因此，用 $b$ 值来限定坠砣串的升降范围。$b$ 值调整是接触网工基本必备技能之一，属于高空作业，危险系数较高，实训过程中务必注意人员安全。

$b$ 值调整

### 一、作业目的

通过实操练习，掌握 $b$ 值调整的步骤及注意事项，提高接触网检调实操动手能力。

### 二、作业准备

1. 场地准备

接触网演练场(停电状态)。

2. 人员准备

人员分配表见表 5-33。

人员分配表  表5-33

| 分工 | 人数 | 作业内容 |
|---|---|---|
| 工作领导人 | 1 | 指挥作业全过程,负责设备及全组人员的安全 |
| 操作人 | 2 | 下料、加工、预制、标识、包装、$b$ 值调整 |
| 监护人 | 1 | 作业安全监护 |
| 其他人员 | 4 | 推梯车及辅助作业 |

**3. 工具及材料准备**

工具材料表见表5-34。

工具材料表  表5-34

| 序号 | 名称 | 规格 | 单位 | 数量 | 备注 |
|---|---|---|---|---|---|
| | 一、主要工具 | | | | |
| 1 | 钢丝套子 | 1.1m | 套 | 2 | |
| 2 | 紧线器 | | 个 | 1 | |
| 3 | 手扳葫芦 | 3t | 个 | 1 | |
| 4 | 断线钳 | 1080mm | 把 | 1 | |
| 5 | 管钳 | 350mm | 把 | 2 | |
| 6 | 手锤 | | 把 | 2 | |
| 7 | 温度计 | | 支 | 1 | |
| 8 | 小绳 | $\phi$12mm | 条 | 1 | |
| 9 | 安全防护用具 | | 套 | 若干 | 安全防护到位 |
| | 二、主要材料 | | | | |
| 1 | 双耳楔形线夹 | | 套 | 2 | |
| 2 | 铁绑线 | $\phi$2.0mm | m | 若干 | |
| 3 | 补偿绳 | | 条 | 2 | |
| 4 | 坠砣 | 25.0kg | 个 | 若干 | |
| 5 | 铁线 | $\phi$4.0mm | m | 5 | |

**4. 作业危险点分析**

作业危险点分析见表5-35。

作业危险点分析  表5-35

| 序号 | 危险点 |
|---|---|
| 1 | 补偿绳材质较硬,容易将手磨伤 |
| 2 | 坠砣砸伤人员 |
| 3 | 作业人员高空掉落 |
| 4 | 感应电伤人 |

### 三、测量检查

(1) 用钢卷尺测量 $b$ 值,看是否符合标准。

(2) 检查补偿绳有无碰伤、散股或断股现象,绳股之间有无交错、重叠现象,配套件是否齐全。检查补偿绳与轮体连接的楔形装置安装是否正确、可靠,如有松动,应用锤子垫一块木板将补偿绳同楔子一起与楔形槽打紧。补偿绳断股或有重大损伤时应更换。

(3) 检查补偿轮转动是否灵活。

(4) 检查棘轮补偿装置各部件有无变形,紧固件有无松动、脱落,应按规定力矩校验。检查补偿轮体有无裂纹、变形,若有,应更换问题部件。检查各受力部件及线索张力是否良好。

(5) 检查限制架及限制杆连接是否牢靠,检查限制杆是否自然竖直向下并不影响坠砣自然升降。若不是,要对其进行紧固、调整。

(6) 检查制动装置中棘轮补偿制动卡块到棘轮的距离是否符合规定(一般为48mm),安全抱箍距补偿绳距离是否符合规定(一般为3mm)。

(7) 检查隧道内平衡轮平衡状态、连接状态、线索入槽状态等。检查坠砣保护支架及挡板的连接状态、是否影响自然坠砣升降等。若连接状态不好,影响自然坠砣升降,则要对其进行紧固、调整。隧道内还应检查整体棘轮底座接地是否良好,即检查棘轮底座预埋槽道处接地线状态。

(8) 检查坠砣是否破损、锈蚀、块数、叠码是否规范,上下移动是否灵活。

### 四、调整项目及方法

(1) $b$ 值过大或过小:按照安装曲线重新做回头。

①根据调节量在补偿绳上适当位置装一紧线器,坠砣杆环下方装一钢丝套,或在坠砣杆环内穿入双股 $\phi4.0$mm 铁线。

②用手扳葫芦连接,紧线,使补偿绳松弛。

③将楔形线夹从坠砣杆环内取下,退出楔子,按补偿曲线的要求,重新做回头。

④撤除各用具,复测 $b$ 值。

(2) 补偿绳散股、断股:更换补偿绳。

①将需要更换补偿绳的坠砣串用手扳葫芦吊起固定在支柱上。

②将紧线器安装在线索上,将钢丝套子安装在支柱上;紧动手扳葫芦,使补偿绳卸载。

③调整补偿绳,或者拆除旧补偿绳,安装新补偿绳。

④两个手扳葫芦配合加载,撤除工具,检查各部数值和状态。

(3) 棘轮转动不灵活:转动不灵活时应查明原因(如补偿绳卡滞或加、偏磨、阻碍转动的部件、轴承缺油、制动块影响等),采取相应措施,更换或调整相应部件至符合要求。

(4) 棘轮轮体安装必须竖直,用水平尺进行复核,有偏差时可通过螺栓轴和棘轮底座本体上的调整板进行细调。当受力较大时可通过手扳葫芦将其卸载,然后调整,调整后慢慢使其恢复张力,并随时观察平衡轮状态保持平衡。

使用线坠和卷尺检查棘轮有无偏倒,如有偏倒,可以使用木棰敲击棘轮本体,使其保持垂直状态,测量偏倒值 $a \leqslant 10\mathrm{mm}$。

(5)棘轮补偿制动卡块到棘轮的距离不达标。

①首先松开4个制动块固定螺栓,方便在调节孔范围内移动制动卡块。

②调整间距,将制动卡块按要求移动到距轮体48mm处,并使其两边和轮缘中心对齐。

③紧固4个固定螺栓,力矩为56N·m。

(6)棘轮补偿安全抱箍距补偿绳小于3mm。

①将板上螺栓连接的螺母拧开,直到安全抱箍能够自由移动。

②把补偿绳和安全抱箍的间距调整到3mm,拧紧螺母。

(7)坠砣问题处理:

①坠砣破损。处理措施:用铁线将坠砣固定,使之不能上下移动,卸下破损坠砣,换上新坠砣。

②坠砣块数不足。处理措施:补齐后检查本锚段另一段下锚坠砣数量,使两端坠砣数量相等。

③坠砣叠码不规范。处理措施:坠砣叠码整齐,其缺口互相交错180°。

④坠砣上下移动不灵活。处理措施:移动限制管上下部螺栓调节孔,将限制管与坠砣重心线调整至平行且距离适当。如限制管与底座固定,则重新确定底座位置,重新固定限制管。

### 五、技术标准

(1)运行中 $b$ 值应符合安装曲线的要求,允许偏差 $\pm 100\mathrm{mm}$,但最低不得小于200mm。

(2)补偿绳不得有松股、断股和接头,不得与其他部件、线索摩擦,不得卡在轮体上或者出现叠加。

(3)棘轮完整无损,转动灵活(人力用手托动坠砣能上下自由移动),没有卡滞现象。

(4)限制架、制动装置:

①各框架安装正确,受力良好,螺栓紧固有油,铁件无锈蚀。

②满足坠砣升降的变化要求,限制坠砣的摆动,不妨碍升降。

③卡块式制动装置的制动角块在温度变化时能在制动框架内上下自由移动,顶块式制动装置的制动顶块与大滑轮盘保持3~5mm的间隙。

④制动卡块到棘轮的距离符合要求。

⑤安全抱箍到补偿绳的距离为3mm。

(5)坠砣要求:

①坠砣应完整,坠砣叠码整齐且缺口相互错开180°。

②坠砣串的质量(包括坠砣杆的质量)符合规定,允许误差不超过2%。

③坠砣块自上而下按块编号,并标明质量。

(6)坠砣限制架螺栓穿向:顺线路方向螺栓,从两侧框向内对穿;垂直线路螺栓,从线路侧穿向田野侧或隧道壁侧;旋转双耳拉环螺栓由上向下穿,棘轮连接螺栓由上向下穿。

## 六、注意事项

(1)调整作业需要在停电时间(天窗)内进行。

(2)在调整、检修过程中要时刻注意支柱的受力情况,防止支柱受力过猛发生变形或损坏。

(3)在更换补偿绳等使补偿卸载的操作中,为防止紧线器滑脱,必须采取防脱措施;在紧线器下部加一个钢线卡子卡住。棘轮轮体安装必须竖直,用水平尺进行复核,以使受力后棘轮不磨补偿绳。通过螺栓轴和棘轮底座上的调节板进行细调。

(4)螺栓的螺母不得拧紧,以防影响平衡轮转动,导致小轮绳两边不平衡。开口销安装后一定要掰开。

(5)每年为棘轮轴承注入一次润滑油。

(6)每年最高温度、最低温度时各观察一次坠砣串与坠砣抱箍在限制架中所处位置是否符合安装曲线要求,如补偿尺寸不符合要求,应及时调整。

(7)使用手扳葫芦时,注意受力状态,防止滑脱;张力恢复时应缓缓受力,并保持平衡轮平衡受力状态。

(8)安装坠砣时特别要注意对自身的保护,注意手脚的位置,避免被坠砣砸伤。

## 任务实施

| 任务名称 | b 值调整 | | 工单号 | |
|---|---|---|---|---|
| 姓名 | | | 学号 | |
| 班级 | | | 日期 | |
| 操作任务：b 值调整 | | | | |
| 操作中存在的问题及解决方法： | | | | |
| 项目 | 赋分 | 自评得分 | 互评得分 | 教师评分 |
| 安全措施到位 | 20 | | | |
| 工具选择合理 | 20 | | | |
| 测量调整准确 | 30 | | | |
| 实施结果正确 | 30 | | | |
| 综合得分（自评得分10%，互评得分30%，教师评分60%） | | | | |

## 任务考核

### 一、填空题

1. 棘轮轮体安装必须_____，用_____进行复核，有偏差时可通过螺栓轴和棘轮底座本体上的调整板进行细调。

2. 运行中 b 值应符合安装曲线的要求，允许偏差_____ mm，但最低不得小于_____ mm。

3. 坠砣应完整，坠砣叠码整齐且缺口相互错开_____。

### 二、简答题

1. 什么是补偿装置的 b 值？
2. 补偿装置 b 值调整作业有哪些注意事项？

### 三、训练题

温度变化会影响承力索和接触线，使其伸长和缩短，补偿装置在坠砣串重力作用下，使线索顺线路方向移动而自动调整线索张力，b 值是确保补偿装置发挥作用的最重要条件。因此掌握 b 值的测量与调整至关重要，请利用接触网演练场（停电状态），进行 b 值调整训练。通过实际操作，熟练掌握 b 值调整的步骤及注意事项。

**附表**

# 接触网常用零件型号及参数表

# 附表1　高速铁路接触网常用零件型号及参数表

| 序号 | 名称 | 用途 | 技术条件 | 实物图例 |
|---|---|---|---|---|
| 1 | 接触线吊弦线夹 | 适用于接触网中以直径不大于5mm的吊弦悬吊铜接触线或铜合金接触线 | (1) 线夹的最大垂直工作荷载为1.3kN。<br>(2) 滑动荷载大于或等于1.0kN。<br>(3) 垂直破坏荷载大于或等于3.9kN。<br>(4) 螺栓的紧固力矩为25N·m | |
| 2 | 承力索吊弦线夹 | 适用于接触网系统中铜铝包钢绞线、铝包钢芯铝绞线、钢芯铝绞线、镀铝锌钢绞线承力索上悬吊直径不大于5mm的吊弦 | (1) 最大垂直工作荷载为1.3kN。<br>(2) 滑动荷载不小于1.0kN。<br>(3) 垂直破坏荷载不小于3.9kN。<br>(4) 螺栓的紧固矩为25N·m | |
| 3 | 横承力索线夹 | 适用于接触网中软横跨处50~80mm²的横承力索上悬挂吊线 | (1) 横承力索线夹的最大垂直工作荷载为7.9kN。<br>(2) 横承力索线夹与横承力索间的滑动荷载不小于9.8kN。 | |

续上表

| 序号 | 名称 | 用途 | 技术条件 | 实物图例 |
|---|---|---|---|---|
| 3 | 横承力索线夹 | 适用于接触网中软横跨处50~80mm² 的横承力索上悬挂吊线 | (3)横承力索线夹的破坏荷载应不小于23.7kN。<br>(4)U形螺栓的紧固力矩为44N·m | |
| 4 | 双横承力索线夹 | 适用于接触网中标称截面为50~80mm² 的软横跨双横承力索处悬挂吊线 | (1)双横承力索线夹的最大垂直工作荷载为7.9kN。<br>(2)双横承力索线夹与双横承力索间的滑动荷载应不小于9.8kN。<br>(3)双横承力索的破坏荷载应不小于23.7kN。<br>(4)U形螺栓的紧固力矩为44N·m | |
| 5 | 接触线中心锚结线夹 | 适用于接触网中心锚结处以标称截面为50mm² 的镀铝锌钢绞线固定铜合金接触线或铜接触线 | (1)与接触线之间的滑动荷载应大于或等于33.0kN。<br>(2)与锚结绳之间的滑动荷载应大于或等于33.0kN。<br>(3)防窜型接触线中心锚结线夹与接触线之间的滑动荷载应大于或等于接触线最大张力差的3.0倍。<br>(4)接触线中心锚结线夹螺栓的紧固力矩为75N·m | |
| 6 | 承力索中心锚结线夹 | 适用于接触网中心锚结处对铜承力索(TJ-95、TJ-120、TJ-150)与中心锚结绳(TJ-95)之间的固定和连接 | (1)与承力索之间的滑动荷载应大于或等于33.0kN。<br>(2)与承力索中心锚结绳之间的滑动荷载应大于或等于25.3kN。 | |

续上表

| 序号 | 名称 | 用途 | 技术条件 | 实物图例 |
|---|---|---|---|---|
| 6 | 承力索中心锚结线夹 | 适用于接触网中心锚结处对铜承力索（TJ-95、TJ-120、TJ-150）与中心锚结绳（TJ-95）之间的固定和连接 | (3)与接触线中心轴结绳之间的滑动荷载应大于或等于33kN。<br>(4)承力索中心锚结线夹螺栓的紧固力矩为44N·m | |
| 7 | 杵座鞍子 | 适用于接触网中悬挂直径为9~20mm的金属绞线 | (1)杵座鞍子的最大工作荷载为4.9kN。<br>(2)杵座鞍子的滑动荷载不小于3.9kN。<br>(3)杵座鞍子的破坏荷载不小于14.7kN。<br>(4)螺栓的紧固力矩为25N·m | |
| 8 | 钩头鞍子 | 适用于接触网中悬挂直径为9~20mm的金属绞线 | (1)钩头鞍子的最大工作荷载为4.9kN。<br>(2)钩头鞍子的滑动荷载不小于3.9kN。<br>(3)钩头鞍子的破坏荷载不小于14.7kN。<br>(4)U形螺栓的紧固力矩为25N·m | |
| 9 | 承锚角钢 | 适用于下锚时固定下锚拉线与支柱 | (1)主体为碳素结构钢。<br>(2)最大工作荷载为21.6kN | |

续上表

| 序号 | 名称 | 用途 | 技术条件 | 实物图例 |
|---|---|---|---|---|
| 10 | 长吊环 | 适用于接触网中截面高为50~80mm的角钢或槽钢构件上悬挂绝缘子串 | (1) 长吊环的最大水平工作荷载为3.9kN。<br>(2) 最大垂直工作荷载为4.9kN。<br>(3) 长吊环的水平破坏荷载应不小于11.7kN。<br>(4) 垂直破坏荷载不小于14.7kN | |
| 11 | 耳环杆 | 适用于接触网中横腹杆式预应力钢筋混凝土软横跨柱预留孔处固定横承力索 | (1) 耳环杆的最大工作荷载为21.6kN。<br>(2) 耳环杆的破坏荷载应不小于64.8kN | |
| 12 | 悬吊滑轮 | 适用于接触网中悬挂承力索和弹性吊索 | (1) 悬吊滑轮的最大工作荷载不小于6.0kN。<br>(2) 悬吊滑轮的垂直拉伸破坏荷载应不小于18.0kN | |

续上表

| 序号 | 名称 | 用途 | 技术条件 | 实物图例 |
|---|---|---|---|---|
| 13 | 定位线夹 | 适用于接触网中在接触线定位处分别固定铜或铜合金接触线 | (1)定位线夹的最大工作荷载:A、B型为3.0kN,C型为3.2kN。<br>(2)定位线夹的滑动荷载大于或等于1.5kN。<br>(3)定位线夹的破坏荷载A、B型为大于或等于9.0kN,C型为大于或等于9.6kN。<br>(4)定位线夹螺栓的紧固力矩为25N·m | |
| 14 | 支持器 | 适用于接触网中固定定位线夹 | (1)支持器的最大水平工作荷载为2.5kN。<br>(2)支持器的滑动荷载不小于4.9kN。<br>(3)支持器的破坏荷载不小于7.5kN。<br>(4)螺栓的紧固力矩为44N·m | |
| 15 | 长支持器 | 适用于接触网中固定定位线夹 | (1)长支持器的最大水平工作荷载为2.5kN。<br>(2)长支持器的滑动荷载不小于4.9kN。<br>(3)长支持器的破坏荷载不小于7.5kN。<br>(4)螺栓的紧固力矩为44N·m | |

续上表

| 序号 | 名称 | 用途 | 技术条件 | 实物图例 |
|---|---|---|---|---|
| 16 | 定位环线夹 | 适用于接触网中软横跨 $\phi 9 \sim 11.5mm$ 的定位索上安装定位器或悬吊接触悬挂用 | (1)定位环线夹的最大水平工作荷载为2.5kN。<br>(2)最大垂直工作荷载为4.9kN。<br>(3)滑动荷载不小于4.9kN。<br>(4)定位环线夹的水平破坏荷载不小于7.5kN。<br>(5)垂直破坏荷载不小于14.7kN。<br>(6)U形螺栓的紧固力矩为44N·m | |
| 17 | 定位器 | 适用于接触网中固定接触线位置 | (1)简统化弓形定位器的最大工作荷载为3.0kN。非简统化弓形定位器的最大工作荷载:A型为2.5kN,B型及C型为3.0kN。<br>(2)简统化弓形定位器的耐拉伸荷载为4.5kN。非简统化弓形定位器的耐拉伸荷载:A型为3.75kN,B及C型为4.5kN。<br>(3)简统化弓形定位器的破坏荷载大于或等于9.0kN。非简统化弓形定位器的破坏荷载:A型大于或等于7.5kN,B及C型大于或等于9.0kN | |
| 18 | 特型定位器 | 适用于接触网中线路曲线半径不小于1000m,绝缘关节中心柱处固定接触线位置 | (1)特型定位器的最大工作荷载为1.3kN。<br>(2)特型定位器的耐拉伸荷载为1.95kN。 | |

续上表

| 序号 | 名称 | 用途 | 技术条件 | 实物图例 |
|---|---|---|---|---|
| 18 | 特型定位器 | 适用于接触网中线路曲线半径不小于1000m,绝缘关节中心柱处固定接触线位置 | (3)特型定位器的破坏荷载应大于或等于3.9kN | |
| 19 | 定位管 | 适用于接触网中接触线定位处 | (1)定位管的最大工作荷载为4.5kN。<br>(2)定位管的破坏荷载大于或等于13.5kN。<br>(3)定位管的耐拉伸荷载为3.75kN。<br>(4)定位管的耐压缩荷载为4.5kN | |
| 20 | 定位环 | 适用于接触网的腕臂及定位管中连接定位器或连接其他带钩头的零件 | (1)定位环的最大水平工作荷载为4.5kN。<br>(2)最大垂直工作荷载为4.9kN。<br>(3)定位环的滑动荷载大于或等于6.75kN。<br>(4)定位环的水平破坏荷载大于或等于13.5kN。<br>(5)定位环的垂直破坏荷载大于或等于14.7kN。<br>(6)非简统化螺栓紧固力矩为70N·m,简统化螺栓紧固力矩为44N·m | |

续上表

| 序号 | 名称 | 用途 | 技术条件 | 实物图例 |
|---|---|---|---|---|
| 21 | 拉线固定钩 | 适用于定位管上或斜腕臂上连接定位管斜拉线 | （1）最大工作荷重为1.5kN。<br>（2）破坏荷重不小于4.5kN。<br>（3）紧固力矩：U形螺栓紧固力矩为35N·m，M12螺栓紧固力矩为44N·m | |
| 22 | 定位支座 | 适用于接触网铝合金定位管固定限位定位器位置 | （1）长定位环的最大水平工作荷载为3.0kN。<br>（2）滑动荷载不小于4.5kN。<br>（3）长定位环的水平破坏荷载不小于9.0kN。<br>（4）螺栓紧固力矩为70N·m | |
| 23 | 腕臂连接器 | 适用于接触网平腕臂与斜腕臂之间的连接 | （1）腕臂连接器的最大水平工作荷载为5.8kN。<br>（2）最大垂直工作荷载为4.9kN。<br>（3）采用抱箍结构时，与腕臂及斜腕臂间滑动荷载大于或等于7.5kN，简统化腕臂连接器滑动荷载大于或等于8.7kN。<br>（4）水平破坏荷载大于或等于17.4kN，垂直破坏荷载大于或等于14.7kN。<br>（5）简统化螺栓紧固力矩为44N·m，非简统化顶紧螺栓紧固力矩为75N·m，备母紧固力矩为50N·m，连接螺栓紧固力矩为100N·m | |

续上表

| 序号 | 名称 | 用途 | 技术条件 | 实物图例 |
|---|---|---|---|---|
| 24 | 套管单耳 | 适用于平腕臂、斜腕臂定位管与支撑管之间的连接 | (1) 水平工作荷载为4.5kN,垂直工作荷载为4.9kN。<br>(2) 水平破坏荷载不小于13.5kN,垂直破坏荷载不小于14.7kN。<br>(3) 滑动荷载不小于6.75kN | |
| 25 | 线岔 | 适用于接触网中铜接触线及铜合金接触线的交叉处 | (1) 线岔中心最大垂直工作荷载为0.18kN。<br>(2) 限制管允许挠曲度不大于1.5%$L$。<br>(3) 螺栓的紧固力矩为25N·m | |
| 26 | 弹性吊索线夹 | 适用于JTMH35弹性吊索与承力索之间的固定和连接 | (1) 线夹与弹性吊索及承力索间的滑动荷载不小于5.25kN。<br>(2) 本零件工作荷载不小于3.5kN,弹性吊索破坏荷载不小于10.5kN。<br>(3) 螺栓紧固力矩为23N·m | |

附表　接触网常用零件型号及参数表

续上表

| 序号 | 名称 | 用途 | 技术条件 | 实物图例 |
|---|---|---|---|---|
| 27 | 接触线接头线夹 | 适用于接触网中连接双钩形铜或铜合金接触线 | （1）250km/h、300km/h高速铁路铜合金150mm²接触线用的接头线夹额定工作荷载大于或等于27.5kN,铜合金120mm²接触线用的接头线夹最大额定工作荷载为16.5kN。<br>（2）350km/h高速铁路用铜合金150mm²接触线用的接头线夹最大额定工作荷载为33.0kN。<br>（3）螺栓紧固力矩为100N·m,备母紧固力矩为50N·m | |
| 28 | 承力索回头线夹 | 适用于接触网中连接 TJ-100、GJ-70、TJ-95、TJ-120、TJ-127 承力索绞线的接头 | （1）承力索回头线夹的额定工作荷载为承力索工作张力的1.1倍,最大额定工作荷载为25.3kN。<br>（2）在施加3倍额定工作荷载或承力索标称拉断力的95%二者之中较小值的荷载时,承力索不应从接头夹中滑脱或在线夹内和线夹端口处断线;承力索回头线夹不应破坏。<br>（3）螺栓紧固力矩为80N·m | |
| 29 | UT型耐张线夹 | 适用于接触网中下锚拉线与单环类零件连接处 | （1）UT-1型耐张线夹的最大工作荷载为33kN。<br>（2）UT-2型耐张线夹的最大工作荷载为44kN。 | |

续上表

| 序号 | 名称 | 用途 | 技术条件 | 实物图例 |
|---|---|---|---|---|
| 29 | UT型耐张线夹 | 适用于接触网中下锚拉线与单环类零件连接处 | （3）UT-1型耐张线夹的破坏荷载应不小于99kN。<br>（4）UT-2型耐张线夹的破坏荷载应不小于132kN | |
| 30 | 杵座楔形线夹 | 适用于接触网中以截面为50~80mm² 的金属绞线作为承力索、横向承力索、上下部定位绳及补偿绳等的终端与杵头型零件的连接 | （1）最大工作荷载为18.0kN。<br>（2）破坏荷载应大于或等于54.0kN。<br>（3）滑动荷载应大于或等于54.0kN | |
| 31 | 双耳楔形线夹 | 适用于接触网中以截面为50~80mm² 的金属绞线作为承力索、横向承力索、上下部定位绳及补偿绳等的终端与耳环形零件的连接 | （1）最大工作荷载为18.0kN。<br>（2）破坏荷载应大于或等于54.0kN。<br>（3）滑动荷载应大于或等于54.0kN | |

续上表

| 序号 | 名称 | 用途 | 技术条件 | 实物图例 |
|---|---|---|---|---|
| 32 | 双环杆 | 适用于接触网中连接两双耳形零件 | (1) $\phi$16mm 型双环杆的工作荷载应大于或等于 23.2kN，破坏荷载应大于或等于 69.6kN。<br>(2) $\phi$18mm 型双环杆工作荷载应大于或等于 29.0kN，破坏荷载应大于或等于 87.0kN | |
| 33 | 接触线终端锚固线夹 | 适用于接触网终端下锚处连接标称截面为 85$mm^2$、110$mm^2$、120$mm^2$、150$mm^2$ 的铜或铜合金导线 | (1) 最大工作荷载：普速铁路为 22.0kN，250km/h 高速铁路为 27.5kN，350km/h 高速铁路为 33.0kN。<br>(2) 滑动荷载：在所锚固线索的标称拉断力的 95% 范围内，线索不应从线夹中滑脱或在线夹内和线夹端口处断线；锥套型终端锚固线夹滑动荷载试验应反复进行 3 次，每次均应满足上述要求。<br>(3) 破坏荷载大于或等于最大工作荷载的 3 倍 | 锥套型<br>顶丝型<br>加强型 |
| 34 | 承力索终端锚固线夹 | 适用于接触网中在终端下锚处连接硬铜绞线承力索 | (1) 最大工作荷载：承力索（C 型）普速铁路为 16.5kN，250km/h 及 350km/h 高速铁路为 25.3kN。<br>(2) 滑动荷载：在所锚固线索的标称拉断力的 95% 范围内，线索不应从线夹中滑脱或在线夹内和线夹端口处断线，锥套型终 | 锥套型<br>顶丝型 |

续上表

| 序号 | 名称 | 用途 | 技术条件 | 实物图例 |
|---|---|---|---|---|
| 34 | 承力索终端锚固线夹 | 适用于接触网中在终端下锚处连接硬铜绞线承力索 | 端锚固线夹滑动荷载试验应反复进行3次，每次均应满足上述要求。<br>(3)破坏荷载大于或等于最大工作荷载的3倍 | 加强型 |
| 35 | 坠砣 | 适用于接触网下锚补偿装置，起调整承力索或接触线补偿张力的作用 | (1)坠砣每个质量误差应不大于2%。<br>(2)坠砣表面应平整、光滑，无气孔、渣眼、结块。<br>(3)坠砣表面平面度不大于1mm | |
| 36 | 补偿滑轮组 | 适用于接触网中接触悬挂的张力补偿处 | (1)补偿绳两端楔形线夹的破坏荷载≥54kN。<br>(2)不锈钢补偿绳的整绳破断拉力≥50kN | |
| 37 | 补偿棘轮 | 适用于电气化接触网中接触线、承力索的终端下锚处，自动补偿其张力 | (1)传动比为1:3，传动效率≥97%。<br>(2)补偿棘轮的最大工作荷载≥9.62kN。<br>(3)补偿棘轮的最大破坏荷载≥94.5kN。<br>(4)补偿绳与坠砣相连的楔形线夹的破坏荷载≥54kN | |

续上表

| 序号 | 名称 | 用途 | 技术条件 | 实物图例 |
|---|---|---|---|---|
| 37 | 补偿棘轮 | 适用于电气化接触网中接触线、承力索的终端下锚处,自动补偿其张力 | (5)不锈钢补偿绳的整体破断拉力≥75.4kN | |
| 38 | 旋转腕臂底座 | 适用于接触网中横腹杆式预应力钢筋混凝土支柱预留孔处固定旋转腕臂 | (1)旋转腕臂底座的最大垂直工作荷载为4.9kN。<br>(2)旋转腕臂底座的破坏荷载应不小于14.7kN | |
| 39 | 特型旋转腕臂底座 | 适用于接触网中支柱上预留孔外固定旋转腕臂 | (1)特型腕臂底座的最大垂直工作荷载为4.9kN。<br>(2)特型腕臂底座的破坏荷载应不小于14.7kN | |
| 40 | 承力索座 | 适用于接触网中悬挂铜承力索 | (1)承力索座的最大水平工作荷载为6.0kN,最大垂直工作荷载为6.0kN。<br>(2)承力索座与平腕臂间的滑动荷载大于或等于6.0kN。<br>(3)承力索座水平破坏荷载大于或等于18.0kN,垂直破坏荷载大于或等于18.0kN。<br>(4)简统化螺栓紧固力矩为44N·m,紧固轴螺母紧固力矩为70N·m;非简统化顶紧螺栓紧固力矩为75N·m,备母紧固力矩为50N·m,压紧螺栓紧固力矩为50N·m | |

续上表

| 序号 | 名称 | 用途 | 技术条件 | 实物图例 |
|---|---|---|---|---|
| 41 | 杵环杆 | 适用于接触网中斜腕臂的上部或导线终端锚固处连接双耳形与杵座形零件 | (1)杵环杆的最大工作荷载为21.6kN。<br>(2)杵环杆的破坏荷载应不小于64.8kN。 | |
| 42 | 软横跨固定底座 | 适用于接触网中横腹杆式预应力钢筋混凝土软横跨上固定上下部定位索 | (1)软横跨固定底座的最大工作荷载为9.8kN。<br>(2)软横跨固定底座的破坏荷载应不小于29.4kN。<br>(3)螺栓紧固力矩为70N·m。 | |
| 43 | 接触线电连接线夹 | 适用于接触网中电连接标称截面分别为120mm²、150mm²的铜或铜合金接触线与95mm²、120mm²的软铜绞线 | (1)螺栓型电连接线夹与接触线间的滑动荷载大于或等于4.0kN。<br>(2)压接型电连接线夹与接触线间的滑动荷载大于或等于2.0kN。<br>(3)螺栓的紧固力矩为44N·m。 | 压接型<br><br>螺栓型 |
| 44 | 承力索电连接线夹 | 适用于接触网中电连接线与承力索、铜承力索及铝包钢芯承力索或铝包钢承力索的并沟连接处 | (1)螺栓型电连接线夹与承力索及电连接线之间的滑动荷载大于或等于4.0kN。<br>(2)压接型电连接线夹与承力索及电连接线之间的滑动荷载大于或等于2.0kN。<br>(3)螺栓的紧固力矩为44N·m。 | |

附表　接触网常用零件型号及参数表

续上表

| 序号 | 名称 | 用途 | 技术条件 | 实物图例 |
|---|---|---|---|---|
| 45 | 电连接线夹（长方形） | 适用于接触网中电连接线与钢承力索、铜承力索及铝包钢芯承力索或铝包钢承力索的并沟连接处 | (1)电连接线夹的握紧荷载不小于4.0kN。<br>(2)过负荷电热循环试验后的电阻值不应大于同等长度线索电阻值的1.1倍。<br>(3)电连接线夹螺栓的紧固力矩为25N·m | |
| 46 | 接地线夹 | 适用于接触网中连接接地线与钢轨 | (1)接地线夹的滑动荷载为7.4kN。<br>(2)接地线夹钩螺栓的紧固力矩为59N·m | |
| 47 | 接地线连接线夹 | 适用于接触网中连接直径为10~12mm的接地线 | (1)接地线连接线夹的滑动荷载应不小于3kN。<br>(2)螺栓的紧固力矩为44N·m | |

续上表

| 序号 | 名称 | 用途 | 技术条件 | 实物图例 |
|---|---|---|---|---|
| 48 | 锚支定位卡子 | 用于固定非工作支接触线的位置,固定接触线 | (1)最大工作荷载为4.5kN。<br>(2)锚支定位卡子与定位管间的滑动荷载应不小于6.75kN。<br>(3)锚支定位卡子与接触线间的滑动荷载应不小于4.0kN。<br>(4)破坏荷载不小于13.5kN。<br>(5)U形螺栓、直螺栓紧固力矩均为44N·m | |
| 49 | 弹簧补偿器 | 适用于接触网中对软横跨上下定位绳由于温度变化产生的松紧进行补偿 | (1)弹簧的材料采用弹簧钢。<br>(2)拉环的材料采用不锈钢。<br>(3)套管的材料采用铝管 | |
| 50 | 整体吊弦 | 适用于电气化铁路接触网在承力索上悬吊接触线 | (1)整体吊弦的最大工作荷载为1.3kN。<br>(2)整体吊弦的吊弦线夹与线索间的滑动荷载不小于1.0kN | 椭圆形压接<br><br>冲压型 |

# 附表2 高速铁路接触网零件紧固力矩表

| 序号 | 紧固件名称 | 螺栓名称 | 设计力矩（N·m） | 测试力矩（N·m） | 螺栓朝向 | 备注 |
|---|---|---|---|---|---|---|
| \multicolumn{7}{c}{一、腕臂结构} ||||||
| 1 | φ70mm 铝合金承力索座 | 顶紧螺栓 M12 | 75 | 70 | 顶紧螺栓朝来车方向 | |
| | | 顶紧螺栓备母 M12 | 50 | 46 | | |
| | | 压紧螺栓 M12 | 50 | 46 | | 防松止动垫片的长支掰向压块本体，短支掰向螺母六方平面 |
| 2 | 套管座 | 顶紧螺栓 M12 | 75 | 70 | | |
| | | 顶紧螺栓备母 M12 | 50 | 46 | | |
| | | 连接螺栓 M20 | 100 | 95 | 螺母朝来车方向 | 腕臂安装后现场紧固 |
| 3 | 腕臂、定位管斜撑双耳套筒(φ42mm) | 顶紧螺栓 M12 | 75 | 70 | 安装后顶紧螺栓朝上 | |
| | | 顶紧螺栓备母 M12 | 50 | 46 | | |
| 4 | 55型套管单耳（定位环） | U形螺栓 M16 | 70 | 65 | | |
| 5 | 70型套管单耳（定位环） | U形螺栓 M16 | 70 | 65 | | |
| 6 | 定位管双耳套筒(φ55mm) | 顶紧螺栓 M12 | 75 | 70 | 顶紧螺栓朝来车方向 | |
| | | 顶紧螺栓备母 M12 | 50 | 46 | | |
| 7 | 锚支定位卡子 | U形螺栓 M12 | 44 | 40 | | |
| | | 线夹螺栓 M12 | 44 | 40 | 由下向上 | 螺栓端部涂螺纹锁固胶 |
| 8 | 定位支座 | U形螺栓 M16 | 70 | 65 | | |
| 9 | W型定位支座 | U形螺栓 M16 | 70 | 65 | | |
| 10 | ZJ型限位定位器 | M10 限位螺钉备母 | 20 | 20 | | |

续上表

| 序号 | 紧固件名称 | 螺栓名称 | 设计力矩（N·m） | 测试力矩（N·m） | 螺栓朝向 | 备注 |
|---|---|---|---|---|---|---|
| 一、腕臂结构 ||||||||
| 11 | 软横跨定位支座 | 螺栓 M12 | 44 | 40 | | |
| 12 | | 螺栓 M10 | 25 | 23 | | |
| 13 | 电气连接跳线 | M10 螺栓 | 25 | 23 | 定位器座上由上往下穿,定位器上螺母在来车方向 | 铜铝复合垫片的铜面在线鼻子侧,铝面在定位器或底座侧 |
| 14 | 定位线夹 | M10 螺栓、备母 | 25 | 23 | 备母在定位器本体的反方向(外侧) | 防松止动垫片的长支掰向线夹本体,短支掰向螺母上部六方平面 |
| 15 | 腕臂底座 | 螺栓 M20(有备母) | 120 | 110 | 螺栓穿向支柱内侧,螺母在支柱内 | |
| 16 | 棒式绝缘子 | U 形螺栓 M12 | 44 | 40 | 向上,螺母在上方 | 注意平腕臂带有凸台压板要压在孔中 |
| 二、接触悬挂 ||||||||
| 17 | 接触线终端锚固线夹 | 右螺纹楔套 | 80 | 75 | | |
| 18 | 承力索终端锚固线夹 | 右螺纹楔套 | 80 | 75 | | |
| 19 | 接触线中心锚结线夹 | 螺栓 M12 | 75 | 70 | 销钉穿向线路侧 | 螺栓端部涂螺纹锁固胶 |
| 20 | 承力索中心锚结线夹（承力索中锚用） | 螺栓 M10 | 46 | 42 | 螺栓由线路侧穿田野侧,长螺栓在上,短螺栓在下 | 螺栓端部涂螺纹锁固胶 |
| 21 | 承力索中心锚结线夹（导线中锚用） | 螺栓 M10 | 46 | 42 | 螺栓由上往下穿,短螺栓在线路侧,长螺栓在田野侧 | 螺栓端部涂螺纹锁固胶 |
| 22 | 弹性吊索线夹 | 螺栓 M8 | 23 | 21 | 由上往下穿,短螺栓在线路侧,长螺栓在田野侧 | 防松止动垫片全部掰向螺母侧 |
| 23 | 整体吊弦承力索吊弦线夹 | 螺栓 M10 | 25 | 23 | 螺栓由线路侧穿向田野侧 | 防松止动垫片的长支掰向线夹本体,短支掰向螺母六方平面 |

续上表

| 序号 | 紧固件名称 | 螺栓名称 | 设计力矩(N·m) | 测试力矩(N·m) | 螺栓朝向 | 备注 |
|---|---|---|---|---|---|---|
| 二、接触悬挂 ||||||||
| 24 | 整体吊弦接触线吊弦线夹 | 螺栓 M10 | 25 | 23 | 直线上由线路穿向田野。曲线既有线路上由曲外穿向曲内,曲线新建线路上由曲内穿向曲外 | 放松止动垫片的长支掰向线夹本体,短支掰向螺母上部六方平面 |
| 25 | 交叉吊弦接触线线夹螺栓 | 螺栓 M10 | 25 | 23 | 螺栓由道岔内向外穿 | |
| 26 | 分段绝缘器滑板及接触线线夹 | 螺栓 M10 | 43 | 40 | 由线路侧穿向田野侧 | 从外侧向内侧逐个紧固 |
| 三、拉线与棘轮 ||||||||
| 27 | H型钢支柱上单边拉线底板 | 螺栓 M20(有备母) | 120 | 110 | 由支柱内穿向拉线侧,螺母在拉线侧 | |
| 28 | 无补偿下锚拉线底板(硬锚) | 螺栓 M20(有备母) | 120 | 110 | 由支柱内穿向拉线侧,螺母在拉线侧 | |
| 29 | 附加线对向下锚的拉线底板 | 螺栓 M20(有备母) | 120 | 110 | 保护线螺栓由田野侧穿向线路侧 | |
| | | 螺栓 M20(有备母) | 120 | 110 | 正馈线螺栓穿向来车方向 | |
| 30 | 棘轮底座 | 螺栓 M20(有备母) | 120 | 110 | 螺栓由支柱内向支柱内外穿 | |
| 31 | 棘轮底座调节板 | 螺栓 M20(有备母) | 120 | 110 | 螺栓由上向下穿 | |
| 32 | 棘轮竖轴长螺栓销 | 螺母及开口销 | | | 由上往下穿(螺母不得拧紧) | 垫片在棘轮竖轴管下端与下部固定角钢之间 |
| 33 | 制动卡板 | M12螺栓及螺母 | 90 | 85 | 由下向上穿 | |
| 34 | 平衡轮螺栓销 | 螺母及开口销 | | | 由上往下穿 | (螺母不得拧紧) |
| 35 | 坠坨限制架 | 底座角钢螺栓 M20 | 120 | 110 | 螺栓穿向支柱内侧 | (有备母) |
| | | 角钢连接螺栓 M20 | 120 | 110 | 螺栓由下向上穿 | (有备母) |

续上表

| 序号 | 紧固件名称 | 螺栓名称 | 设计力矩（N·m） | 测试力矩（N·m） | 螺栓朝向 | 备注 |
|---|---|---|---|---|---|---|
| 四、附加线 ||||||||
| 36 | 附加线肩架、PW线支座安装 | 螺栓M20（有备母） | 120 | 110 | 螺栓由支柱内穿向支柱外侧,螺母在肩架底座上 | |
| 37 | 加强线柱顶绝缘子 | 螺栓M20（有备母） | 120 | 100 | 螺栓由下往上穿,螺母在柱顶 | |
| 38 | AF线预绞时悬垂线夹 | 螺栓销M16 | 65 | 60 | 由田野侧穿向支柱侧 | |
| 五、基础螺栓 ||||||||
| 39 | 支柱基础 | 螺栓M24 | 275 | 250 | | 每根螺栓1个调整螺母、1个紧固螺母、1个备母,2个10mm厚平垫 |
| 40 | | 螺栓M39 | 1235 | 1200 | | |
| 41 | | 螺栓M42 | 1528 | 1450 | | |

## 附表3 普速接触网零件紧固力矩表

| 序号 | 标准代号 | 名称 | 螺栓直径(mm) | 螺栓紧固力矩(N·m) |
|---|---|---|---|---|
| 1 | TB/T 2075.5 | 定位线夹 | 10 | 25 |
| 2 | TB/T 2075.7 | 接触线吊弦线夹 | 10 | 25 |
| 3 | TB/T 2075.7 | 承力索吊弦线夹 | 10 | 25 |
| 4 | TB/T 2075.6 | 接触线中心锚结线夹 | 12 | A2-80级螺栓:100<br>A2-70级螺栓:44~56 |
| 5 | TB/T 2075.6 | 承力索中心锚结线夹 | 12 | 56 |
| 6 | TB/T 2075.11 | 接触线电连接线夹 | 12 | 44 |
| 7 | TB/T 2075.11 | 承力索电连接线夹 | 12 | 44 |
| 8 | TB/T 2075.11 | 电连接线夹 | 12 | 44 |
| 9 | TB/T 2075.4 | 支持器 |  | 44 |
| 10 | TB/T 2075.4 | 长支持器 |  | 44 |
| 11 | TB/T 2075.12 | 定位环 | M12 | 44 |
| 12 | TB/T 2075.4 | 长定位环 | M12 | 44 |
| 13 | TB/T 2075.1 | 套管双耳 | U形螺栓 M16 | 44 |
| 14 | TB/T 2075.21 | 杵座鞍子 | U形螺栓 M10 | 25 |
| 15 | TB/T 2075.16 | 双耳定位环线夹 | U形螺栓 M12 | 44 |
| 16 | TB/T 2075.18 | 横承力索线夹 | U形螺栓 M12 | 44 |
| 17 | TB/T 2075.18 | 双横承力索线夹 | U形螺栓 M12 | 44 |
| 18 | TB/T 2075.19 | 接地线夹 | 钩螺栓 M16 | 59 |
| 19 | TB/T 2075.19 | 接地线连接线夹 | 12 | 44 |
| 20 | TB/T 2075.16 | 钩螺栓 | 钩螺栓 M16 | 59 |
| 21 | TB/T 2075.5 | 定滑轮装置 | 底座U形螺栓 M16 | 59 |
| 22 | TB/T 2075.5 | 承锚角钢 | 22 | 98 |
| 23 | TB/T 2075.5 | 线锚角钢 | 22 | 98 |
| 24 | TB/T 2075.23 | 压管 | M10/M12 | 25/44 |
| 25 | TB/T 2075.5 | 底座槽钢 | 底座U形螺栓 M16 | 59 |
| 26 | TB/T 2075.6 | 特型钢锚角钢 | 22 | 98 |
| 27 | TB/T 2075.16 | 软横跨固定底座 | 16 | 70 |
| 28 | TB/T 2075.6 | 长定位立柱 | U形螺栓 M16 | 70 |

续上表

| 序号 | 标准代号 | 名称 | 螺栓直径(mm) | 螺栓紧固力矩(N·m) |
|---|---|---|---|---|
| 29 | — | 整体吊弦 | 10 | 25 |
| 30 | — | 螺栓式可调吊弦 | 10 | 25 |
| 31 | — | 承力索支承线夹 | U形螺栓 M12 | 44 |

# 参 考 文 献

[1] 中国国家铁路集团有限公司工电部.铁路接触网[M].北京:中国铁道出版社,2022.
[2] 吉鹏霄,张桂林.电气化铁路接触网[M].4版.北京:化学工业出版社,2022.
[3] 薛艳红.接触网运行与检修[M].2版.北京:中国铁道出版社,2023.
[4] 陈江波,武永红.接触网基础教程[M].北京:中国铁道出版社,2023.
[5] 游刚,梅飞,魏玉梅.高速铁路接触网设备运行与维护:智媒体版[M].成都:西南交通大学出版社,2022.
[6] 黄绘,程洋.接触网运行检修与施工[M].成都:西南交通大学出版社,2022.
[7] 韩通新.高速铁路接触网检测技术[M].北京:中国铁道出版社,2022.
[8] 黄绘.电气化铁路接触网基础[M].成都:西南交通大学出版社,2020.
[9]《铁路安全监督检查指导手册——供电专业》编委会.铁路安全监督检查指导手册:供电专业[M].北京:中国铁道出版社,2022.